# 太聰明
# 所以不幸福？

Trop Intelligent Pour Être Heureux ?

讓娜·西奧－法金（Jeanne Siaud-Facchin） 著
梅濤 譯

遠流出版公司

# 親愛的讀者們：

很高興又與你們見面，但不得不承認我有點擔心。你們給予我的第一本書《資優兒童》（*L'Enfant Surdoué*）如此熱情洋溢的讚許，令我擔心新作會讓你們失望，也擔心我無法達到你們所期許的高度。這本書有點像大家熱切期待的、曾經喜歡的某部電影的第二集或某本書的第二卷，但可能又一次無法吸引大眾的目光。然而，很多讀者問我，什麼時候再出第二本書？經過多年的研究，加上最新的探索，這本書終於面世了。其中，蘊含了我最新的想法和理解。

本書延續了我對於資優人群的理解與研究，包括他們的特點、豐富與脆弱，但這也是時間上的延續——兒童期之後是叛逆的青少年期，再來是成人期。那麼，這些並不尋常的兒童在經歷了比較混亂的成長過程後，會成為什麼樣的人呢？這些兒童在成長過程中，經常會遇到意想不到的阻礙、失望以及慘痛的失敗。

而成年人若具有異於常人的性格，又會如何生活？他們如何處理這種可能招致痛苦結果的超凡智力？如何處理這種自己極為希望抑制的敏感性？又如何構建與自己相似，而在其中感覺自如的生活？這些可以實現嗎？如果可以的話，那要如何實現或者需要付出什麼樣的代價呢？我們將面對一個棘手卻重要的問題：一個資優成年人是否可以得到幸福？

「早熟」，這個概念在兒童期具有一定的意義。但在這個時期後，一個成年人如何自認為「資優者」？怎麼敢？如何相信？儘管他們總是本能地認為，自己與他人不完全相同；儘管他們覺得，差距總是存在著；儘管他們感覺，自己不被他人理解。一個成年人要如何構築自身形象呢？他們能夠以何種意義賦予自己的過去？如何理解自己變成了什麼樣的人？如何面對自己如此奇特且與眾不同的資優者身分？

以上這些曾是我第一本關於資優兒童的書出版時，最令我驚訝的。我必須向你們坦白，當我在寫第一本書時，腦子裡只想著這些資優兒童的父母，以及期望對此有更多瞭解的教員，但我從未想過，資優成年者也會閱讀那本書。

換言之，我從未想過，這本書會觸動那些可以在其中找到自己痕跡的資優成年人，並使得他們不安。我也從未想過，某些沒有孩子的成年人會購買我的書，並且帶有某種祕密的、幾近害羞的想法，認為透過這本書也許會發現到自己的身影在裡面。那些因為閱讀了這本書而被震撼、感動，認為自己被改變的成年人所給我寫的信，也令我感慨萬千。這幾乎在我意料之外，因此我又重讀了這本書，以便理解得更好。

是的，我又有了一些新想法：我在談論兒童。曾經是兒童的我們，於當前的這個我們身上，留下了痕跡。在自己身上發現這個兒童的影子，就是尋找我們身分的一部分。然而，這是我們有時會忽視的，或者曾經不理解的，又或是經常不被他人理解的。

與我們自己的這一部分重新建立聯結，是令人放心的。最終，我們會感覺到，自己是屬於那個過去的自己、現在的自己，以及我們經常隱約感覺到的自己。雖然並不是完全相信，因為好像沒有人願意承認這件事。

之後，我見過很多成年人，其中有些是我的患者的爸媽，他們透過孩子的經歷和診斷，發現了自己的影子，因此對於他們本身的過去有了截然不同的看法。

這就像一個反向的自我認同過程：通常，應該是孩子在成長過程中，與父母越來越像。而在那些談論孩子或向家長解釋孩子行為方式的診斷裡，反而是父母認識了自己，並越來越像他們的孩子。這是我在診斷時所發現的，一個非常有趣並值得關注的現象。就好像是父母過去的一種「沉澱物」（這裡取的是這個詞的化學意義），好比他們在透過凝縮人生中所有的事件、時刻和情緒，而快速閱讀自己的人生，如同我直接在談論他們的生活那般。在這樣的情況下，父母很難與他們自身重新聯結。他們偏離得太遠了，對自己考慮過多。因此，我必須在第一時間，慢慢地將他們帶回現實：是因為孩子的緣故，他們才會在這裡。

對於父母而言，如果他們願意，我們可以之後再談。我也遇過一些在人生路上受挫的成年人，他們在路途上偶拾我的著作，他們需要理解、瞭解，並重新認識自己的過去，從而以新的意義、新的方向賦予其生命。

因此，才有了這本新書的出版。這是第一本為成年資優者寫的書，要送給那些相信我，並且希望對這問題有進一步瞭解的讀者，我非常願意與你們並肩同行。

本書仍將繼續談論兒童、青少年，進而可以更能理解現在的成年人，也能透過對照我們目前的狀況，來探索成長的軌跡。

我目前的經驗讓我明白，「重讀」過去並弄清楚當前的狀況，是不可避免的步驟。高智商以更加豐富的特點賦予了整個人格，也讓我們對世界、對自己有了不同的看法，忽視這些卻會讓我們與自己的生命擦肩而過。我認為，我們無權忽視它。而作為專業人士，有義務意識到這一點，幫助每一個人獲得屬於他的幸福，獨一無二的幸福。

這本書也屬於你們，我將那些從你們身上明白到的東西分享給大家。很高興有這一次嶄新的相遇。感謝你們的信任，感謝我所有的患者（不管是成年人或兒童），是他們促使我完成本書；是他們鼓勵我持續思考、前進、探索，鼓勵我像他們那樣去理解。

# Contents

# Chapter 6／成年資優者的困難　209

# *Chapter 1*

# 「資優」意味著什麼？

# 你是資優者嗎？

「資優者」難道只是個流行的話題嗎？媒體有時會帶來誇大甚至是扭曲的效應，讓人們相信這是一類所謂出類拔萃的人群，且是由尋找自我滿足的父母，或對「超級大腦」感興趣的心理學家打造而成。

我們曾認為，這類人能夠接受一切，而對於他們的關注，其實是最近才開始盛行的。發生了什麼事呢？這歸結於多種原因：兒童和青少年心理問診的數量增多，以及心理檢查普及化。我們得到一個令人不安的觀察結果：有一些智商較高的兒童，卻出現了較嚴重的學業問題，並且有嚴重的心理障礙；而另一些則出現行為異常和社會適應的問題，因此對他們的教育也變得棘手。至於那些對自己孩子的發展，或對自己成長過程中出現的偏差較為敏感的成年人來說，因為要解決自身的困難和苦惱，所以接受心理諮詢的隊伍客觀上也擴大了。

他們的共同點是什麼？都是資優人群，而且需要面對許多困難。他們都智力過人，一直在尋找如何解決自身的苦惱、生活、融入他人以及成功的辦法。

最近幾年，出現了一些大學和科學研究團體，國民教育部門也採取了一些措施，而醫學界也出現了一些小範圍的培訓……但對於這些一直在尋求被他人理解、陪伴、幫助的兒童或成年人，卻鮮有具體的建議和措施。尤其，有一種趨勢認為，資優者是一群具有特殊天分的人，而且這種趨勢極其普遍，也被大部分人所接受。那麼，如何解釋和接受這種讓資優者在成長過程中倍受煎熬的悖論——即高智力與心理脆弱之間的關係呢？

這是一種奇怪的關係。極端的思想和極端的痛苦，難道打開的是同樣的視野？難道痛苦最終意味著思考？

——莫理斯・布朗修[1]（Maurice Blanchot）

人們搞錯了智力和成就，混淆了能力和成功，還將潛力與智力效率重疊一起；把數量上比較多且適應環境要求的智力（高於標準的智力），和品質上有區別且運行模式可能導致痛苦和失敗的智力——即資優者的智力（聰明的方式與他人不同），相互連接。人們忘記了，理解、分析、記憶迅速並不等於與生俱來的知識。而高智力與極端敏感、極端的情感接受性則是不可分割，但人們卻低估其重要性，還掩蓋了高智商和過分敏感都會令人變得更脆弱這樣的事實；忽視了能夠非常清晰地感知物質世界和人際關係的所有因素，會產生一種持續的情感反應，而這將導致焦慮擴散。

當人們一想到智力，就會有很多充滿矛盾的表徵。首先，會關注其意思：聰明是什麼？繼而，關注結果：聰明意味著什麼？最後，關注期待：我該如何利用聰明？如果我做不到，是否要質疑聰明的前提？可以看到，人們關於智力及其效應的想法、信念、幻想、矛盾和擔心皆非常強烈。

奧蘿爾向我解釋：「聰明當然是好事，但總是伴隨了一些小麻煩。我希望我只是聰明，而沒有那些小麻煩。因為聰明的確有用，而那些小麻煩卻很難處理！」

**請記住！**

資優，是一種聰明的方式，一種非典型的智力運行方式，以及認知資源（Cognitive resource）的啟動。這些人認知資源的腦基底異於他人，組織方式也表現出一些特質。

資優，並不意味著在數量上更加聰明，而是擁有品質上與眾不同的智商。這絕對是兩回事！

資優將高層次的智力資源、超出標準的智力、強大的理解、分析和記憶力，還有敏感性、易感性、情感接受性、五種感知、廣度及強度占據了思想領域的洞察力聯繫在一起。這兩個方面是相互交雜的。

資優，是一種在世界上的身分，讓性格五彩繽紛。

資優，意味著說不出口的情緒，但思維卻一直處於無限的邊界。

**要注意！**

目前得到的臨床觀察結果，令人不安——資優兒童的課業往往並不理想，心理非常脆弱，具有模糊的自戀定位，對世界有著痛苦的意識。他們能夠根據自身的人格，利用某種防衛措施或資源，將自己的特點轉化為成功的手段，或人生裡積極的動力。然而，對於那些在發育過程中遭遇各種情感困難的資優兒童來說，則會出現各式心理障礙。到了青少年階段，經常會出現心理代償失調，表現出非典型的臨床圖表、很難承擔責任，或者情況有時比較糟糕的預後（prognosis）[2]。

根據兒童是否會被診斷出問題與其診斷時的年齡，我們會發現他們面對的困難不同。如果一個孩子在成長過程中，不知道自己到底是誰，心理障礙真的會變得具有威脅性。到了成年階段，其人格就會不太正常，會輕易放棄，精神上有創傷感，對自己和世界有錯誤的信念，或者會用刻板的方法保護自己不受其脆弱性的傷害。成年資優者的人生經歷往往混亂、困難且崎嶇。

當然，有些成年資優者會找到一種舒適又平衡的生活方式，建構令人滿意的規劃，過著成功的生活。大眾寧願相信這些成功的資優者為大多數，但絕不能因此忽略這些資優者。因為，他們主要的問題在於，不清楚自己是什麼樣的人。

## 資優的智力面和情感面

如果不從智力面和情感面（這兩方面將會構成全面的人格，並將影響整個發育過程以及人生的建構）來考慮資優者的特質，就等於是用過時的理論和誤解作為藉口，忽視這類人群。身為資優者並不是意味著一種傲慢的運氣，也不是上天的賜福、特殊的天分或是令人羨慕的高智力，而是一種具有多方面智力資源和情感資源的特殊人格。當這一潛力被認識、理解和承認時，才能被認為是人格的全部力量。資優者若接納這種潛力，就有可能建立起適合與大家好好相處的美好生活，如同我們每個人嘗試去營造的那樣，他們也會在這種生活中感覺舒服。如果資優者忽視這種潛力，或更糟糕的——否定這種潛力，就有可能錯失自己，並且一生中都有種缺失感和不滿足感，將導致不能適應社會或者嚴重的心理障礙。

> 幸福，本質上就是百分百地發掘自己的能力。
>
> ——米哈里・奇克森特米海伊（Mihaly Csikszentmihalyi）

## 很大的問題是，怎麼稱呼這些資優者呢？

這絕對不是一個次要的問題。相反地，這個問題在很多方面都很重要。每種稱謂都有暗喻，指向一種片面的、錯誤的、在任何情況下，都不令人滿意的表徵。

**智力上的早熟者**，指的是兒童階段發育過早，但這既不能反映出事實（不是所有這些孩子都發育過早），也不能反映出特殊性（並非因為他們比別人「超前」，而使得他們異於常人）。假如我們將智力上的早熟者簡稱為「早熟者」，且經常聽到人們說「小早熟者」，那就更糟糕了。

**資優者？**說到資優，人們馬上想到的，是比別人更有天分的人以及天賦異稟者。誰能假定自己是否真的在某方面有天分呢？否則，要如何認為自己是資優者？倘若孩子在學校或家裡表現都不太理想，那麼對於父母來講，稱他為資優者是很難接受的。如果一個孩子認為自己是資優者，而這完全不符合別人對他的真實想法，也不符合他對自身潛力的看法，情況就更複雜了。對他自己而言，會感覺非常沉重；對他雙親來說，則是五味雜陳。要如何接受自己的孩子是資優者？很快地，別人的看法使他們洩氣——他人如何理解這個孩子？如何向別人解釋這與「他們所想的」並不同？父母也難以使用「資優者」這個字眼。因為，這讓父母覺得是在「凸顯」自己的孩子，或者像孩子自己說的，是「自誇」。

而對於成年人呢？如果自己的生命充滿了失敗和痛苦或是空洞，要怎麼認為自己是資優者？

即使對於那些接受自己目前生命裡的苦澀與快樂的人，或者是認為自己的生活是「成功」的人，資優一詞也是令人困惑的：我是資優者？這與我的生活有什麼關聯？假如我是資優者，那我的生命歷程不應該是另外一種嗎？

然而，資優者[3]一詞是法國傳統中對此最早的稱謂了，它表現了一個人的人格內在特點。我認為，這個稱謂比其他的更合適。

目前，比較流行的稱謂是HP（High Potential），即高潛力者，或HQI（Haut Quotient Intellectuel），即高智商者，好像這些縮略詞可以抹去所有讓人不快的、讓人覺得極端的因素……

HP（高潛力者）這一稱謂隱藏著新的風險——有較高的潛力，意味著必須要將這樣的潛力變成更大的東西，一種成功。否則便「浪費」了這種潛力？罪惡感在遊蕩著……

## 這些「奇怪的斑馬[4]」

我偏愛「斑馬」一詞，因為我選擇的這個詞彙，能夠與其他讓人無法忍受的表達方式有所區別。斑馬是種特殊的動物，這是唯一一種人類無法馴服的馬科動物，身上的條紋能使牠在稀樹草原與動物區分開來，並用條紋隱藏自己。斑馬屬群居類動物，對自己孩子的關懷無微不至，牠是如此不同又如此相似。就像人類的指紋，斑馬的條紋也是獨一無二的，讓牠們彼此間能夠互相辨別。每匹斑馬都不相同。我繼續並重複強調，這些「奇怪的斑馬」需要我們的關注，讓他們能夠與這苛刻的世界和諧共處。我會持續捍衛這些「有條紋」的人，好比這些斑紋能讓人想起生命在他們身上留下的痕跡。我會繼續跟他們說，他們的條紋是非常棒的特點，能夠從各種陷阱和危險中拯救他們。我也要告訴他們，這些條紋非常珍貴，他們可以引以為傲。

在Cogito'Z[5]中心，我們習慣在資優患者的檔上蓋上有斑馬圖像的印章，這讓我們可以擺脫稱謂的問題。我們的斑馬檔被歸類在一起，我們開會討論某個孩子是否屬於斑馬人群。在我們機構，斑馬如今變成了Z。如果確診，並且其斑馬的特點非常明顯，我們會在內部報告中寫下：Z++。

在我們的資料管理庫中，根據診斷結果，患者被標記為Z……。Z代表斑馬，省略號將由其他單詞代替，比如代表永遠代表正義的蘇洛（Zorro），或者情緒斑馬（Z'émotifs）、流浪的斑馬（Z'errants）、倔強的斑馬（Z'insoumis）、隱居的斑馬（Z'ermites）、被遺忘的斑馬（Z'oubliés）……你們可以繼續補充！看，一個「Z……」可以隱藏另外一種特點！非常適合他們，不是嗎？

# 資優者：目前我們的所知

近幾年，各類書籍、新的研究風潮以及政府部門的關注，使人們的注意力聚集到了資優者身上。隨著人們不斷意識到對這類特殊人群進行關注的必要性，我們看到了各種積極的、富有成果的行動。越來越多的大學團隊致力於這個主題，也有越來越多的醫生、心理學家或精神病專家在對資優兒童進行診斷和治療過程中，不斷積累經驗。而某些學校機構嘗試探索，更加適合這些資優兒童的教育模式。

雖然這些兒童的父母的「朝聖行為[6]」依然是困難重重，幸福結局也非常罕見；雖然缺少專業人員，與資優兒童相匹配的醫療機構仍然不多，但情況仍有所好轉，即使只是進步了一點點。

大的變革主要來自於神經科學。目前，由於功能性磁振造影（fMRI）的應用，我們可以即時對腦部如何運行進行觀察，這就使得我們更能夠瞭解，人類在某個情況或在某個背景下處理某個問題時，哪個腦部區域在介入工作。這項技術變革能夠加強我們對以下問題的理解和把握：資優者的思維方式在哪方面與他人不同？並且怎麼樣與他人不同？

## 發現抑或確認？

但我認為，神經科學的貢獻實際上只是讓人安心，並沒有帶來真正的發現。臨床醫師長久以來就知道，如何辨別資優者的思考和情感特點。父母對此也非常瞭解。

而教師，哪怕是最沉默的老師，也會發現這類學生的反應與其他學生不同：他們的學習方式、他們的行為、與他人的關係，以及他們的情感反應。

總之，最新科學研究證明了，資優者身邊的人很早之前就明白的事情。在各種情況下，真正唯一的關鍵歸為：現在，我們該怎麼辦？

所有人需要的是這個問題的答案，包括資優者自己，以及陪伴他們的人、教育他們的人。科學進步使人安心，但仍舊沒有回答這個問題。so what？（那又如何？）只是，為了讓那些認為證據就是事實的人感到安心的研究，會為我們帶來什麼呢？所有相關臨床醫師一直都在研究，如何幫助這些面對困難，甚至深受痛苦的人。而對於資優者進行的研究，就好像脫離一切背景或脫離整個人類的實驗。他們孤立了一個因素，就像一個自己有生命的分子。觀察結果有時會因為理論因素，而大大偏離了實際情況與真實生活。

儘管我堅信科學研究的必要性，但我認為，將資優者「遺忘」在實驗操作中，對資優者而言是危險的。我依然深信，臨床是人類知識最可信的來源，人們可以從一些特例中得出普遍的規律；與資優者成百上千次的接觸，則能夠讓我們進行有效的研究。

## 在資優者的大腦中旅行，發現其生活及思維特殊的原因

透過對資優者進行腦部研究，我們可以用一種科學的眼光，從情感和認知這兩方面接觸到掌管資優者人體機能的中央系統。我必須承認，能夠「真實地看到」不可見的過程是非常有吸引力的；能夠證明確實存在人體機能的特殊性是非常不可思議的。而且，也證明了這不是臨床醫生或大驚小怪的父母異想天開。

## 改變了我們關於腦部運行認識的若干神經科學發現

### ★重要的不是神經元的數量，而是連接的數量

我們都擔心神經元從二十歲便開始死去。以前學過，在兒童階段，神經元數量會迅速增加；青少年時期，大腦發育成熟。之後就邁向衰老……

然而，大腦雖然在兒童階段的確以非常快的速度發育，但請必須忘記與神經元數量、神經元和智商之間的聯繫等相關的傳聞。現在人們知道起決定作用的，是連接的數量。也就是說，一個人越去學習，就懂得越多；記憶的內容越多，體驗的刺激性經歷越多，神經元之間的關係也就越緊密。連接的數量越多，我們的大腦就越強大。

最近證實，青少年階段大腦並未發育完全。在這個年齡層，控制和預知行為的大腦區域仍然沒有成熟。這個發現能夠更好地解釋，為什麼有些青少年會有不理智的行為，或者將自己的性命置於危險的行為中——由於他們的大腦不會跟他們說：「停」！所以他們必須努力使用其他能力來調整自身行為。對他們而言，這不是天生的！

另外一項大發現，則是大腦的可塑性。這是很好的事，意味著人們完全不用擔心神經元的死

亡（這是事實）。因為即使到了高齡階段，仍可以不斷地連接神經元，並創建新的網路，人們可以終生學習、思考、記憶、讓大腦運行。不是很棒嗎？

還有一個特點，人與人之間在資訊傳輸速度方面存在著差別。神經元網路中資訊運行平均速度為每秒兩公尺。某些人處理資訊的速度比別人快或慢，是由於大腦區域不同，處理資訊的類型不同，而速度也不同。

某些事件的處理可能只能持續三到五毫秒。當你們在閱讀這句話的時候，大腦處理了成百上千的資訊，經由感官得到的外部資訊，比如正在準備的飯菜香、肩膀上感覺到的涼風、遠處傳來的汽車喇叭聲……以及來自身體內部的資訊。換言之，就是透過各種聯想而完成的思考。

### ★革命性的發現：大腦是全能的

關於大腦的運行，傳統理論認為，大腦每個區域具有某種特定功能。因此，人們認為一旦該區域受損（像是，腦顱外傷），就會失去相關大腦區域的功能。例如，如果語言活動區域受損，患者就再也不具有語言能力。不過，最新的科學研究讓我們明白，大腦是多工的：大腦的任何區域都能處理不同任務，而一旦某一區域受損，另一區域則會承擔該區域的功能。換句話說，大腦的能力無限！

### ★人們使用的是整個大腦，而非僅僅百分之十！

當然不是同時或一直使用整個大腦。負荷與啟動的強度是可以改變的，根據需要解決的問題或情況之不同，某些大腦區域處於興奮狀態，其他則是微弱的運行狀態。這就是為什麼人們可以在不知情的情況下儲存很多資訊，當某些大腦區域努力處理某個首要問題時，其他區域整合、分析、處理並記錄下其他資訊，這就是所謂的認知無意識。我們的大腦知道一切，而我們自身卻意識不到我們知道這一切。因此，我們其實使用的是百分之百的大腦，只是百分之九十的思維無意識，百分之十有意識。

以上便是針對錯誤觀點的說明。

### ★情緒出乎意料的作用

長期以來，人們一直認為，為了聰明地說理，需要冷靜行事。自笛卡爾以來，我們都確信情緒會讓我們犯錯。一旦摻雜情緒，我們就會失去判斷的能力，也因此犯下錯誤。令人意想不到的是，這樣的觀點完全錯誤！甚至恰恰相反。對於思考而言，情緒是必需的。[7]如果沒有情緒，人們就會做出「愚蠢的」決定，得出「愚蠢的」結論，做出「愚蠢的」行為。人們會失去事物和事實的意義。例如，如果人們沒有任何情緒，判斷會出錯，可能做出與自己或他人利益相悖的選擇。要是沒有情緒，大腦將失去理性。

## 資優者大腦的特殊認知方式

### ★大腦過度亢奮：頭腦風暴

他們的大腦始終處於過度亢奮的狀態，大腦中的聯結高速運行，而且同時在大腦所有區域發揮作用。大腦始終處於「沸騰」狀態將大大地增強思考能力，但這種狀態也會很快變得難以疏通。

「我腦中有很多內容，所以我努力說快一點就可以把想說的都說出來，但我的思維變得混亂，這太糟糕了。」

「我會同時想很多事情，以致於有時暈頭轉向，丟失了思考的主線。這太快了，我感覺忘記了重要的想法。」

「我的大腦過度緊張，造成我有時候覺得自己處於一種過熱狀態，而且有什麼東西要噴發出來那樣。其實這讓我很害怕。於是，我努力迫使自己不去思考，但我做不到。我感覺自己像是大腦的囚犯。」

## ★速度

這起於大腦中的連接速度。資優者人群的資訊傳輸速度遠遠高乎常人（智商點每增加一點，傳輸速度相應增加〇．〇五公尺／秒）。這意味著，在相同的時間段，更多的資訊被整合與分析。一切變得更快，並導致大量資料同時被處理。大腦不間斷地運行，興奮程度非常高，強度很難降低。結果就是思維一直在運行，永遠停不下來。

「我多希望讓我的神經元休息」，或者「如何才能停止思考，我快受不了了！」，或者「是否有一種藥物、一種外科手術，讓我切斷電源？」……這些是因為不斷思考而筋疲力盡的資優者重複提出的抱怨和要求。

## ★多空間處理

提到資訊處理，人們便會提及大腦處理所有來自人體外部或內部資訊的方式。

外部資訊指的，是我們周圍發生的，而且可以被五官感知的事物；內部資訊則是我們腦中所想，以及源於我們的記憶、聯想與大腦表徵的資訊……

在資優者身上，所有資訊被捕捉至神經元網路，然後分佈到大腦中的多個區域。連接並不侷限於不同的大腦區域（這點我們可以透過功能定位觀察到）。此外，資訊處理是同時的，這意味著一切都被同步處理，並且同樣重要，相關神經元的數量增加，實際上這些神經元充斥了大腦。

## ★挑戰：選擇恰當的資訊

大腦在這種持續並快速的興奮狀態下，要如何定位出主要訊息？如何辨別出解決這個問題或那個問題的最佳資料？運行的速度太快，所有都同時出現在大腦裡。當一個資優者試著抓住某個想法時，這個想法已經跑得很遠，成百上千個別的想法同時出現。最後，如何擺脫這種與神經元以同樣速度被啟動，並且將思維帶到更遠的區域的情緒負荷呢？

## 潛在性抑制缺陷

潛在性抑制是一種認知過程，可讓人們將大腦需要處理的刺激和資訊，按重要程度來分級並進行篩選。例如，如果我們進入某個地方，首先會辨識出其氣味，然後這氣味好像會消失。大腦將資訊存儲下來，將其列入「無用」一類，接著將它放在一邊。

對於噪音也是同樣的過程：鐘錶的滴答聲可能使我們惱火，接著這個聲音好像消失了，好像融入了房屋裝飾之中。這就是所謂的潛在性抑制，將某些訊息劃分為次級資訊。

潛在性抑制會讓大腦對所有接收到的資訊進行篩選，這種資訊可屬視覺、聽覺或觸覺，並讓我們關注那些被劃分為有用的和恰當的資訊。潛在性抑制排除了那些「背景」雜訊、「背景」圖像和「背景」感覺。大腦完成了「自動篩選」，使得我們不會淹沒在這些資訊裡，並且能夠集中關注那些重要的資訊。這是一種不被我們意識所知的、最基本的神經學過程。

當資優者面對大量資訊時，他們的大腦不會啟動這種「自動篩選」。資優者需要「手動」處理這些資訊。這就是我們所說的，潛在性抑制缺陷，意味了資優者需要特別的努力來確定應該首先處理哪些資料及資訊。我們非常清楚，當資優者必須組織其思維時，需要面對很大的困難；也非常清楚，資優者相當為所有相關情緒和感覺所困擾。

## 場地依賴或獨立（Field Dependence, Independence）：兩種權能不同的認知風格

場地依賴或獨立的概念，指的是在一些複雜事物中，發現一種特殊因素的能力的不同認知風格。我們每一個人都偏向於某種認知風格。

如果我們屬於「場地獨立」的類型，就能很容易分離出某個細節，排除那些無用的資訊。即使有新的因素出現，大腦也能輕易地找到需要的資訊。

相反地，假使大腦屬於「場地依賴」類型，那就很難辨認出「目標物」，並且需要集中注意力，花費相當大的努力才能完成既定目標。

用於測評認知風格的傳統測試，是讓測試者在有限時間內找出藏在一堆錯綜複雜的圖形中的某個幾何圖形。很明顯地，那些比較不容易被不相干的圖形（這些圖形會干擾「目標」圖形的感知過程）所干擾的測試者會更快更有效地完成該任務。

這樣也就證明了，認知風格具有不同的智力效率，並與人格特點有關。

「場地獨立」的風格使得人們能夠輕易走出場景，並且能夠更有效地啟動智力能力。這類人

能夠從場景中抽離，運用一切必要的手段來解決問題。這種風格與獨立人格相關，這類人不會輕易受到影響，並且在需要時，他們可以將情感置於一邊，也知道如何把各種可能性考慮在其中。

對於「場地依賴」者來說，則完全不是如此。他們會迅速淹沒在周圍事物中，並且不能從中得出最重要的資訊（或者看上去重要的訊息）。資優者當然屬於這類人。

資優者尤其容易迷失在大量事物中，他們不懂得如何區分這些事物，從而快速有效地處理資訊。更有甚者，資優者對於情境的依賴會由於情感因素而增強。

資優者總是依賴於情感背景，如果不考慮情感因素和情緒負荷，他們會不知如何行為。

## 不同情境下資優者的表現

為了能夠更進一步理解，讓我們來觀察不同情境下資優者的不同表現。

在某個解決問題實驗中，需要以最有效的方式找到解決辦法。而問題以兩種不同形式呈現：封閉型任務，情境被簡化，只給出必要的資料；開放型任務，有多種可能性，可以使用多種方式解決問題。

所表現出來的區別具有特徵性也非常能說明問題：**在封閉型任務中，資優者快速、注意力集中、有效；在開放型任務中，資優者迅速忘記指令，各種想法此起彼伏，出現各種資訊……**時間很快過去，但問題卻沒有得到解決，或者是出現了很多個錯誤。這說明了，為使資優者能夠變得有效率，就必須減少數據訊息。

例如，在學校，多項選擇題和「填空」測試最適合資優者發揮能力；而一旦需要就某主題進行書面表達，資優者的知識就會淹沒在自動啟動的各種想法裡。

在實際生活中，我們會輕易發現不同情境下行為的不同。

第一種情況，資優者注意力非常集中，但這需要快一點，因為資優者為此需要調動很多能量。速度快一點可以讓資優者避免干擾資訊的影響，好像需要留住他的思維，否則思維會離他而去，並在他不知情的情況下展示出來。由於這需要太多的注意力資源，所以資優者做事經常會三心二意，不能集中注意力。

第二種情況，情境中包含各種資訊，尤其是情感類的資訊，資優者不能集中注意力。於是，他開啟「警戒」模式，只讓最重要的少量資訊進入其大腦……在這種情況下，我們會覺得他聽不到別人說話，給人一種他不在場的感覺。有時這對他而言是有害的，也會讓周圍的人感覺惱火。

他處於一種「節約模式」。因此，為了讓資優者能夠聽到你說話，需要重複很多遍。

資優者大腦的運行是一種非開則關（全面啟動或者什麼都不動）的模式。然而，對資優者而言，「開」的模式經常讓他無法承受。

## 從「思考過多」到按照本能行事：造成各種無意義衝突的大腦運行特點

不聽或不思考似是一種節約大腦能量的方式。資優者有時真的會給人一種白癡的感覺，好像未經思考就做出反應或決定，經常會出現以下情況：當資優者面對某些不太重要的問題時，他會開啟警戒模式，然後回答問題，做出膚淺的決定或者更糟糕的是——答非所問。因此會出現很多誤解，甚至是錯綜複雜的衝突。很難理解和接受的是，如此聰明敏感的人竟會以如此不得體的方式行事或說話。人們完全不能相信這種情況。資優者經常會告訴他人這麼做並非故意，他沒有想到後果，沒有完全理解情況。但會發生這樣的事簡直讓人覺得不可思議，不知所措！這會走進交流的死胡同：對方不能接受如此不真實的事，會堅持自己的觀點；而資優者也會因為理屈詞窮，離開「戰場」，把自己封閉起來，什麼都不說，逃之夭夭。他不知道該說什麼，因為無力面對而選擇逃避。

他沒有有效的理由，他自己知道，但對方卻不能接受。根據當事人雙方各自的立場，資優者在無意識的情況下所導致的這個「衝突」，其結果可能是危機、爭吵、永無止盡的賭氣、處罰、責備等等，而資優者也成為這些互相不理解的受害者。

這種大腦運行的方式所導致的「結果」，可能被認為是蠻橫無理、魯莽放肆或挑釁煽動的行為，與年齡無關！

## 右腦、左腦

另外一種關於大腦活動的神經系統科學理論，對在某一任務中，大腦半球運行方式的差別研究非常重視。

大家都知道，大腦是由右腦和左腦兩個完全不同的部分組成。在兩個大腦半球中，都存在一定數量的區域，功能各不相同。整體而言，任務分配方式如下：

| 左腦 | 右腦 |
|---|---|
| • 組織思維的分析能力<br>• 邏輯及推理能力<br>• 說理及語言交流<br>• 語言活動功能 | • 整體處理及圖像處理<br>• 同時處理大量數據訊息的能力<br>• 透過聯想而完成類推活動<br>• 直覺智力<br>• 創造力與發散性思維（與大眾思維不同）<br>• 強烈的情感介入 |

## ★線性思維和樹狀思維

我們認為，大腦有兩種方式來處理資訊：線性處理，這是一種按照順序進行處理的方式，從一個給定的出發點出發，透過邏輯推理，最後得出可靠的結果。一個步驟接著一個步驟的操作方法，使得我們可以瞭解每一個程式，並對其進行解釋。

另外，順序處理的啟動會自動導致非相關信息的抑制。大腦會阻止所有可能干擾推理過程的思維、想法和假設。得益於大腦這一功能，我們才可以組織論據、對某一想法加以發揮、組織某個說理過程、論證某個結果。對於所有需要嚴格方法和邏輯的任務而言，線性處理是最有效的，也使得我們可以流利地、靈活地、精確地使用語言。

而同步處理則源自於其他方法，從一個刺激、一個想法、一個指令開始，整個思維聯想網路高速運轉。每個想法都會生成另一個想法，但這種聯想方式並沒有任何邏輯關係。眾多思維軸同時組建起來，形成真正的思維樹狀結構。圖像、感覺、感情不斷加入該樹狀結構中，變得越來越複雜，無數根「樹枝」無窮盡地發展。很快地，思維密度過高，想要組織這些思想變得不太可能。網狀思維有利於新點子和創新想法的出現；有利於各種圖像和情感思想的湧現，但這種思維方式並不是能夠進行清楚表達的語言方式，也不是可以進行邏輯論證的說理方式。

## ★資優者的右腦發達

右腦在資優者的認知過程中發揮更大的作用，這已經被很多科學實驗所證明。

當右腦占主導地位時，很多工作變得更加困難，其中自然包括學校裡的學習，以及所有要求被嚴格組織和安排的智力或非智力情境。

十四歲的茱莉說：「當一個正常孩子被提問時，腦中會出現一根天線，然後他會在這根天線周圍思考。但我們呢，會同時出現二十五根天線，所以摸不著頭腦，無法集中注意力，而表達也變得更加困難。」

## ★憑直覺回答：無法進入程式

無法進入可以提供答案的程式，是右腦進行處理的一大陷阱。

向一個兒童資優者或成人資優者提問某數學問題，結果答案正確。但要求他解釋，他如何知道答案——

他的回答：「這很明顯啊！」

「能說得具體點嗎？」

「因為我知道答案啊，這就是所有原因。」

某些時候，我們或許可以接受這樣無法給出解釋的回答方式。但在大多數的情況下，這是無法被接受的。首先是學校，而對於整個一生也是一樣。最讓人難過的，是這些資優者都很誠實。

他也不知道他是如何知道答案的，為什麼知道答案。這超出了他的意識閾（Consciousness-threshold），他再努力仍無法做到。

「當我遇到一個問題時，我知道開頭，知道結果，但中間有什麼，我就不知道了。」

阿德里安這樣解釋道。他解釋得很清楚。所有的資優者都有這樣的困難。這是一種充滿悖論的困難，不管內心有多麼豐足，都會因為自身大腦運行結構的問題而縮減。

從神經生理學的角度來看，這種特殊性是由神經元連接的啟動所導致的。這些神經元運行速度極快，甚至無法被意識感知。因為這些充滿資訊的神經元網路的運行，突然出現了一些突如其來的直覺。一些大腦成像顯示了這一隱祕的大腦啟動過程，而該啟動過程得益於以前的知識和創建新聯結的能力。直覺智力是上述過程的結果，有其陷阱，也有其無限潛力。

### ★組詞：用來說話的詞彙

右腦的啟動與圖像、視覺、空間思維有關，而主要由左腦負責的語言活動、詞彙、語言的線性結構則需要資優者特別集中注意力，也需要花費很大的努力。面對某種場景、某個需要解決的問題、某項需要克服的障礙，以及在各種日常思維過程中，首先啟用的是圖像處理區域。資優者首先會看到圖像，繼而將其轉化為詞彙。

而這有雙重困難：圖像可能成為樹狀聯想新的出發點。需要在腦中「固定」圖形，並將其迅速轉化為詞。這項操作非常棘手，因為聯想網路的運行速度太快。例如：我讓你們寫：「船在水上航行。」這對你們來說應該不是什麼難題。你們會本能地在大腦中看到這些詞，以聽覺的方式處理句子中的音素，然後解決問題。但如果你們是資優者，情況則不同！因為出現在你們大腦中的不再是詞彙，而是一艘真正的船，安靜地在蔚藍的海上航行。你們也會隨著波濤和自己的聯想開始旅途。這個圖像的聯想將會產生非常多的想法、記憶和聯想思維……以致於你們很快就遠離這一小句話，但我僅僅只是要求你們寫下這句話……

圖像產生了意思的光暈，不會在語言中凝結。而資優者也不能篩選或重新組織其思維。

以下是一個典型的例子：

雨果，十六歲，剛從美國旅行回來。他向家人講述了旅途中發生的小故事，包括遇到哪些人、有什麼經歷等。一天晚飯時，有人問了他旅行的事，雨果說旅行非常棒，但他不喜歡美國人。問者又問他為什麼。雨果稍有停頓，不知道該說什麼，他無法用確切的語言精確地表達出他的想法。令所有人感到驚訝的是，他轉向母親，問道：「媽媽，我為什麼不喜歡美國人啊？」

幸運的是，雨果的母親從雨果之前的描述中精確地推論出他無法表達的內容，並沉著地、平靜地代替他回答了這一問題。在聽到自己的想法以如此簡單的方式被組織好並說出來時，雨果非常驚訝，讚嘆道：「完全是這樣，太不可思議了！是的，這就是我不喜歡美國人的原因！」對於雨果而言，有人能夠找到精確的字眼和想法來解釋他所想的，是一種解脫，令他如釋重負。

## ★從圖像到詞彙：當樹狀結構混在一起，並且錯綜複雜時

這種思維和情感旋渦，使得透過語言進行的交流變得極為困難。如何在適當的時候，找到恰當的字眼傳達出這種心聲、這種情感上的激動、這種對世界的沸騰感，而同時又不背叛心中所想，

還要確定對方能夠完全理解自己所思？

言語，就是讓豐富的想法從瓶頸中通過，而詞彙必須按照永恆不變的、而且編了碼的順序一個接一個地排好隊，進而正確傳達出自己想說的內容。

> 我們可以將線性世界看作一個任意的決定，而事實上卻是有各種可能性的。當我處於樹狀模式時，用言語表達將會變得很困難，因為我腦中可能同時出現四個詞彙來表達同一個（或差不多的）事物或想法。而這四個詞彙是同時出現的。
>
> ——拉斐爾，十七歲

如果不是在自己想要表達的當下完全與其思維相互連接，是無法言說的。

如果我在我的思維中，那麼我可以找到那些能夠說出我想表達的內容的詞語。我需要與我的情感相連接，才可以說出該事物。

如果過了一段時間有人再問關於該事物的想法，我就說不出來了，因為我不再與我的思維相互連接。

只有在思維展現時，思維強度及情緒負荷才能被感覺和表達。思維的啟動速度以及思維強度之大，使得資料的穩定整合變得困難。這些資料經常會因此丟失，而重新調動這些資料需要花費巨大的能量。思維就這樣消失，且速度很快。思考過度則會扼殺思維。

## ★當詞語迷失在樹狀結構中的時候

當一個人想要表達，而詞語在腦中經過的速度太快，會造成嚴重的交流問題以及真正的人際關係問題。當一個人無法精確清楚地表達自己希望表達的事情，而且思想和一切都變得混亂不清時，別人很可能不明白你的意思，或者錯誤地理解你的意思。而後者往往是更糟糕的。此時，也很難找到準確的字眼來表達自己心裡的感受。

這種情況下，資優者往往會選擇緘默，不說話，因為不知道怎麼說。而有時候，當資優者說話時，會無意識地傷害到別人。這不是正確的詞語，不是應該說出來的詞語……資優者迷失在自己的思維中，經常會讓他們無法直截了當地說清楚自己的想法，只能選擇兜圈子。而有時候，這可能是唯一一種能夠說清楚他想說的話的方法。

## ★不能理解詞的意思：當一個人無法解讀暗含之意時

馬克，二十四歲，這麼解釋道：「對我來說，資優者有語義方面的問題。如果一個詞彙沒有在正確的上下文中使用，那這個詞彙就不能被理解。我以物理學為例。我很難理解物理學上的一些概念，但又很感興趣。物理學上很多詞來源於日常生活或已經融入日常語言中。結果是，對於同一個詞，我有好幾個定義，我從生理角度去感覺這個詞。為了理解物理學的一些概念，我經常不得不去尋找其歷史背景，就是某個概念是在哪種歷史背景下使用的。否則，我就理解不了。」

馬克的解釋很清楚。在資優者的生活中，這樣的困難是司空見慣。某個討論裡，資優者可能會答非所問，或者看上去好像根本不理解別人提的問題。這很快會使別人感到惱火、疲累，甚至不可忍受。別人覺得他是故意這麼做的，覺得他是在挑釁。通常的情況下，對話會因此中斷，討論會變成責備。為什麼？因為對於不同的人而言，某個詞彙或某個句子的意思可能是不同的。

「我們不能說死後的生命，這不確切。在生命之後，就是死亡，應該找另外一個詞。」

朱利安，十歲，無法理解這個沒有意義的詞彙之使用。

對於一個資優者來說，絕對精確是最基本的，他只能按照字面上的意思來理解事物。為了讓他理解你們想對他說的，必須跟他解釋清楚背景。只有這樣，他賦予詞語的意思才會與你們想表達的意思相同，你們之間才能互相理解。否則，他是無法理解的。或者，更確切地說，他會以另一種方式來理解。以上就是我們可以在資優者人生的各個階段、在各個領域都能發現的，讓人難以忍受的誤解和錯綜複雜的衝突的原因。在學校，資優兒童做事總是「牛頭不對馬嘴」，或者不能回答看似簡單的問題；在家裡，資優兒童的行為會與父母要求的完全相反；而對於資優成人來說，在職場上，他與老闆或合作者的關係會很緊張；而夫妻之間的對話經常出現落差。

因為很難明白日常生活中一些暗含之意，資優兒童或資優成人有時候會覺得，自己好像完全不理解這個世界，讓他們更覺得自己是怪人或與他人有別。

資優者會覺得，既然大家的大腦運行方式都一樣，但我卻不一樣，那麼我肯定不正常！於是他會更加痛苦。因為，他感覺到，這種將自己與其他人隔離開來的差異，還有由此導致的對自己形象之攻擊。資優者認為，責任在他，是他的錯，自己不能像別人那樣行事而顯得很白癡。這會導致資優者對自己進行反省，並且逐漸對世界失去熱情。

## 在情感方面，資優者的大腦也表現出特殊性

資優者情感運行方式的基礎，既存在於大腦中，也存在於感官感覺的神經生理學過程中。我們將會發現，這些特殊性在很大程度上解釋了，資優者人格結構獨特性的原因，以及他與世界特殊關係的原因。經常發現的特點：

### ★ 資優者首先會透過「心」來思考

以下應該是有關資優者情感系統最常見的特徵，也是資優者大腦運行方式最有特點的特徵：情緒干擾。

關於資優者的特點，儘管智力因素占據最主要的位置，但卻是其情感運行方式反應了其深層次的、特殊的人格特點。在某種程度上，我們可以說（幾乎不會錯）資優者在用大腦進行思考前，首先是透過「心」來思考。也正因為如此，可能造成了別人的不理解，以及一些不為人知且很難承受、難以與別人分擔的隱密創傷。

情感的超級易感性，在資優者身上是很重要的層面。資優者是真正的海綿，持續不斷地吸收著周圍懸浮著的情感因數。從一種高度敏感性到周圍的情緒，資優者也能感受到他人的情緒。這就是所謂的移情能力。資優者的移情能力是持續不斷的，並且擾亂了與他人的關係。

資優者在與人相處時，其態度不會僅僅是接受，他總是從情感的角度和他人一起體會他人所感。這種易受他人影響的特點，使得資優者半刻不得安寧，並且不斷地調整自己。此外，如果一個人能夠如此強烈地感知，要如何保持冷漠？如何不被牽涉到各種情境中？如何與這些被所有感官捕獲的情感分離？

### ★感覺過度敏銳或各種感官的強烈感知

感覺過度敏銳指的是強烈的感官能力（五種感官能力）。資優者具備的視覺、聽覺、味覺、嗅覺能力，以及運動覺能力（觸覺）遠遠超乎常人。

#### 超群的視力

立體感和對照更明顯。無論資優者面對刺眼的光線抑或是面對陰暗的環境，一切都逃不過他們敏銳的視力。他們能夠定位、感知、分析某個場面所有微小的、難以察覺的、次要的細節。而別人可能甚至無法感覺到這些細節的存在。

資優者從很小開始視力就極具觀察性，有時因為視力過於敏銳而帶來麻煩。資優者的經歷表明他們可以從充滿無數細節的一幅照片，或一個圖像中得到相當多的元素，並且花費的時間很短。

#### 敏銳的聽覺

資優者的聽覺可以同時分辨來自各種來源的聲音資訊，彷彿他們有很多聽覺管道一般。所有被感知的聽覺資訊被同時處理，且資優者可以毫無困難地對這些資訊中的某個資訊做出反應。

周圍的人都認為，資優者無法在帶著隨身聽且開著電視的情況下和別人通電話，或者聽不到街上的嘈雜聲。然而，令他們意外的是，資優者完全能做到。他不僅能聽清楚，而且什麼都能聽到。我們會發現，即使用微弱的聲音問他們：「我剛剛跟你說了什麼」，資優者總是能夠給出回答。

還有，聽覺區分能力使得資優者能夠聽到低頻聲音。對他們而言，低語、沙沙聲等很輕的聲音與能夠被輕易感知的聲音無異。

## 靈敏的嗅覺

在現代社會，嗅覺已經成了次要的感官能力。人們不再使用嗅覺分析或理解環境。在進化過程中，聽覺和視覺成了人類最重要的感官能力。

而資優者卻很好地保留了這種令人驚訝的能力，透過各種氣味得到周邊人或物的資訊。可資優者對此卻很少提及，因為他不知道別人並不具備這種感官能力。在他明白之後，會覺得自己這種靈敏的嗅覺是可恥的缺點，於是他沉默不語。

然而，正因為嗅覺靈敏，資優者增強了其感情接受性，並大大增加了可被大腦處理和整合的感官資訊數量。受益於嗅覺，資優者明白了別人無法看見，或無法感知的事物，因此得出一些結論或記住一些內容，使得他的思維更加複雜。

## 味覺和觸覺

對味覺和觸覺的研究較少，但臨床觀察發現，資優者中有很多「美食家」，以及資優者和觸覺之間存在特殊的關係。資優者對別人皮膚的觸感非常敏感，常被材料所吸引，經常需要透過觸摸獲得更好的理解。像這樣，透過這種行為，資優者才能確定充分地認識了物體的成分。

我們還發現，在這類人群中，有很多人無法忍受接觸某種材料：羊毛、合成材料、報紙。他們的反應是表皮性的，在與這些材料接觸後，會出現過敏現象。

高度敏感的五種感官能力解釋了，資優者為什麼具有超強的情緒反應性，以及情感對於他們的重要性。持續處於甦醒狀態的感官能力，加強了對於世界的敏感度。高敏感的感官能力導致了較強的情緒感覺能力：一切都能時時刻刻被感知。超級可刺激性，換言之，即為人體啟動情緒反應的快速性，與感覺過於敏感直接相關。

## ★大腦裡呢？

資優者腦部杏仁體（Amygdala）具有特殊的敏感性，這解釋了資優者易受感官刺激影響的原因。腦部杏仁體隱藏在情緒腦最深處，是人生最初期的遺存。腦部杏仁體是最先接收來自人體外部的圖像、聲音、氣味和感覺的部位。它會自動啟動情緒，不會預先進行有意識的分析。腦部杏仁體的接收能力越強，情緒感知和反應就越頻繁。作為身體真正的哨兵，腦部杏仁體能夠捕捉環境中最微弱的感官信號，並對此做出強烈的反應。面對如此強烈的情緒反應，前額葉皮質（Prefrontal Cortex）迅速減弱其活動。前額葉皮質是大腦中控制情緒並組織思維的區域（位於大腦前部，前額下部）。

前額葉皮質具有決策功能，是我們的「控制塔」，起著引導和規劃的作用，會發出適當的指令從而解決一個問題。我們在該大腦區域做出「理智的」決定，並對一個問題的來龍去脈做出分析。當大腦邊緣系統（即情緒中樞），尤其是腦部杏仁體因為大量情緒負荷而飽和時，前額葉皮質區的工作就會受阻，該區域將處於關閉狀態。此時，只有情緒對所處情境進行控制，大腦不被引導也不被控制，也不會進行更加複雜的分析過程。在情緒的支配下，任何事都可能發生。大腦被吞沒，被情緒所控制的資優者在這種情況下會有危險。因為，雖然我們知道，情緒對於大腦是否能夠以適當的方式運行以及是否能做出正確的決定至關重要，但過於情緒化將會弱化並擾亂理性分析能力。

在所有資優者身上都能發現的強易感性，便是這種過於強烈且未得到合理控制的情緒敏感性神經心理過程的結果之一。

### ★當情緒真的氾濫：情緒反應劇烈

抑制，克制……爆發！一切將變得不可控制。情緒氾濫，行為變得異常激動。如果起初看上去微不足道，危機的猛烈程度將會更加讓人瞠目結舌。

達到情緒閾限，不能被轉化也不能被疏導。這是所謂的情緒高反應性（Emotional hyperreactivity），在資優者身上反應性閾限非常低，情緒調節能力也沒那麼強。

明確的是，資優者對越小的事物反應越強烈，在神經心理學層面，面對情緒失控，一切由前額葉皮質決定。

- 過分敏感性
- 持續的情緒干擾
- 強烈的感覺接受性
- 能夠捕捉他人所有情緒的移情能力
- 過度發達的五種感官能力

資優者的智力是發達的、強大的，但是需要建立在以下不同的認知基礎之上：

- 高強度的大腦啟動程度
- 遠遠高於常人的神經元連接數量，在大腦各個階段都能發揮作用的神經元網路
- 樹狀結構資訊處理方式，以及很難具有一定結構的迅速聯想分支
- 潛在性抑制缺陷，要求大腦系統必須在不經過預先篩選的條件下，整合所有來自環境的資訊，但資優者對此無法承受
- 因為大腦中的連接運行速度太快，並超過了意識閾，無法獲得在解決問題時使用的策略

著名作曲家弗朗茨·李斯特（Franz Liszt），在作曲過程中，他會賦予音樂細微差別的色彩……

**奇妙的經歷：您呢，您是聯覺者嗎？**

▼如果，在閱讀這篇文章時，每個詞都披上了色彩的外衣（而我只使用了白色和黑色）。如果每一個字母都具有各自的色彩（A是黃色，O是藍色，E是白色，I是紅色，U是綠色……），而「EAU」（法語中表示水的單詞）這個詞不是字母E、A、U之和，因為水是閃閃發光的綠色的！

▼如果，當您聽到某人說話時，您能看到他周圍有一些幾何圖形；

▼如果，當您聽音樂時，您的嘴中有甜甜的感覺……

▼或者，僅僅只有三種情況中的一種，抑或是其他類似情況……那麼，您應該就是聯覺者！

以下是上述內容的簡短概述，讓大家能夠快速對這部分內容有一個整體理解。

資優者不是比其他人更加聰明的人，只是他的大腦運行方式與他人不同。

作為資優者，以下特點與其人格密不可分：

## ★聯覺，一種令人驚訝的感官能力

聯覺被定義為若干感覺的無意識的關聯，這意味著某種感覺產生的刺激同時被另一種感官所感知，而後者卻未受到特別的刺激——這是因感知重疊而導致的感覺交叉。

例如，聯覺者不僅能看到紅色，還能「聽到」紅色。原因是什麼？大腦中的白質（White matter）過量會導致皮質各區域之間的連接以及資訊的傳輸。資優者看上去尤其會出現白質增生現象，因此他們成為聯覺人的可能性較大。

這種聯覺的能力（多個感官同時參與）會促使聯想的增加、感覺和情緒的並置、感官能力的增強。很少聽到資優者談論這方面的事，因為他們不知道別人並沒有這種經歷。

聯覺是持續的、無意識的。人們無法主動停止聯覺。我們非常清楚聯覺對資優者超常的感覺接受性以及情緒感知強度產生了巨大的作用。

很多大藝術家都是聯覺者。我們都知道法國著名詩人韓波（Rimbaud）和他的詩作《母音》（*Les Voyelles*）。和很多其他聯覺者一樣，韓波給法語中的母音賦予色彩。我們還能以俄羅斯著名畫家康丁斯基（Kandinsky）為例，他的畫作色彩豐富，對他而言，這些畫作都具有觸覺。再如匈牙利

## ★情緒突然發作

要知道資優者很會抑制自己的情緒。他們會努力與那些不斷攻擊他們的情緒保持距離。很快，他被情緒擊中並受傷。一個無足輕重的評價、某個不經意使用的詞、一個漫不經心說出的句子，都可能會導致情緒突然發作。而資優者首先會努力疏通，使自己恢復理智，使這種情緒降到最低限度。儘管眼淚不斷上湧或怒火中燒，他們仍然努力將這種情緒負荷降低。但是，如果情緒壓力的情況持續下去，所有堤壩將會坍塌，猛烈的情緒將摧毀一切，就好像一場毀滅性的海嘯。反應的強烈程度與有時看來比較平常的原始情境不再有任何關係。在那些情況下，可能會出現吼叫、大力捶打牆壁、扔東西……但針對自己或他人的暴力行為是比較少見的。這種極端的發洩方式，目的在於釋放過多的情緒，但有時也會造成真正的衝突或導致更嚴重的後果。可困難的是，如何讓他們恢復平靜？試圖跟他們講道理或交談幾乎沒有什麼作用，此時任何話語都可能加強這種情緒發作的程度。唯一可行的辦法就是等待，什麼都不說，或者只說一些不偏不倚的話，或者說些別的事情。有時，我們就是覺得必須要讓他們「回來」，因為情緒讓他們遠離理智太遠。問題關鍵在於避免情緒衝動，過一段時間後應該就可以恢復討論了。

- **知覺智力和圖像智力，很難處理語言活動、詞語以及語言結構**

資優者認知特點和情感特點已經得到最新科學，尤其是神經科學研究的證實。那不再是人們的想像，也不是傳說，更不是虛幻，而是客觀的事實。

## 這些傳說中的人過著痛苦的生活！

那些認為智力是很高貴的人，肯定沒有足夠的智力能意識到擁有高智力只是一種不幸。[8]

——馬丁．佩吉（Martin Page）

是的，有些人繼續認為資優者是具有高智力的人，他們擁有很多優點，從而擁有成功的人生，並且沒有任何理由認為高智力會導致什麼特別的困難或問題。

以下是某些心理學家所寫：

智力機能亢奮絕對不是困難的同義詞，也絕不意味著必須放棄什麼：只要「資優者」願意，他們可以在任何領域綻放異彩。……出類拔萃的認知能力帶來的是優質的社會生活以及為他人所承認的成功。⑨

我們認為，被當成是資優者的兒童或青少年過度投入到邏輯推理和知識中，而他們的目的（無意識的）在於填補幼兒時期的抑鬱。我們認為不適當的抑鬱狀態會阻礙伊底帕斯情結（Oedipus complex）的結構效應，並且會導致客體的丟失。⑩

此外，現在仍有一些心理學家在「積極活動」，強調這一切都是幻想，如果某些資優者生活不如意，是因為傳統的精神分析心理病理學，與他們的人格特點沒有任何關聯。

二十一世紀初，仍然有一些受精神分析學影響的博士論文認為，智力是預防抑鬱症的機制……從人性角度而言，怎麼能夠因為一些過時的理論藉口來否認這類人群？目的是什麼？怎麼可以不尊重這類飽受痛苦的人群，以及為他們尋求幫助而心慌意亂的父母？怎麼可以無視高智力是引起抑鬱的重要原因與高智力會導致一種敏感性、一種敏銳性和一種在這個世界的存在方式？這些都是整個人格的組成部分。怎麼可以無視占世界人口百分之二的這類人群的大腦運行方式和適應社會能力的特殊性？他們正好處於那些有智力缺陷人群的對立面。人們認為智力缺陷會對人格和社會適應能力產生影響，因此智力缺陷人群必須被幫助和陪伴，必須採取一些預防和教學措施。而在曲線的另一端（指的是資優者）卻什麼都沒有。是空的，什麼都不存在。他們就是智力比較強，因此沒有任何理由去關注他們；沒有任何理由去考慮，因為高智力造成的特殊性和社會適應問題——這讓我非常、非常生氣。

但是我也得承認，「智力缺陷」的人群也是經過長時間才被大家接受。事實上，人們花了幾十年的時間才明白，智力缺陷其實屬於精神殘疾，因此必須全力關注這類人群。所以，可能也需要等到人們的思想足夠先進、神經科學繼續發展，以及某些臨床醫生更新了自己的知識體系，才能讓大家真正理解並幫助這些資優者，就像人們（不管出於什麼原因）幫助那些需要減輕痛苦的人，或者我們這些臨床醫師希望看到身心能夠愉悅的人那般。

1：作者註：《未來之書》（*Le Livre à Venir*），一九五九年，伽里瑪出版社。

2：編註：依據病患當前的狀況，以推估未來可能的結果。

3：作者註：該詞由精神病專家朱利安．德．阿胥黎蓋拉（J.de Ajuriaguera）於一九七〇年譯自英語「highly gifted」而來。雷米．沙文（Rémy Chauvin）在法國推廣這一詞，其代表作為《資優者》（*Les Surdoués*），一九七五年，斯托克出版社。

4：譯註：法語中 zèbre 一詞，本義為「斑馬」，也可引申為「奇怪的人」。這裡譯為斑馬一詞，與下文統一。

5：作者註：法國第一家針對學習障礙學生的診斷與治療中心，由本書作者於二〇〇三年在馬賽創辦。目前有兩家機構：Cogito'Z 亞維儂（Avignon），Cogito'Z 巴黎。

6：譯註：指資優兒童的父母帶孩子看病的過程。

7：作者註：安東尼奧．R．達馬西奧（Antonio R. Damasio），《笛卡爾的錯誤》（*L'Erreur de Descartes*），二〇〇六年，Odile Jacob 出版社。

8：作者註：《我是如何變笨的》（*Comment je suis devenu stupide* ），馬丁．佩吉（Martin Page）著，二〇〇〇年，Le Dilettante 出版社。

9：作者註：《資優者文化》（*La culture des surdoués*）論文集編者語，二〇〇六年，Erès 出版社。編者瑪麗卡．貝熱斯－布納（Marika Bergès-Bounes）和桑德里娜．卡爾梅特－讓（Sandrine Calmettes-Jean）。

10：作者註：卡洛琳．戈爾德曼（Caroline Goldman）的博士論文，《正常和病態資優兒童》（*L'Enfant surdoué normal et pathologique*），導師為卡特琳．沙貝爾（Catherine Chabert），巴黎五大，二〇〇六年。

# *Chapter 2*

# 為什麼需要關注成年資優者？

當我得知自己是正常人時，簡直如釋重負。我之前一直覺得，自己與現實脫節，無法適應社會，是一個沒有正常生存能力的人。而現在，我終於對我的問題有個說法了。即使我不是自由的，我真的有一種釋放的感覺。

以上是一位四十三歲的女性讀者在閱讀我第一本關於資優兒童的書❶時，所發表的感想。而這也非常恰當地描述了這些資優者可以感覺到的新希望，因為他們終於有了一種歸屬感，感覺到他們是屬於某個群體。而在這個群體中，人們的大腦運作方式相似。成年資優者的問題比資優兒童的問題更為敏感。

如果說，人們能夠接受（儘管還有所遲疑）處於發育階段的兒童可以表現出某些特殊的資質，那麼對於此類成年人——具有某種與普通人不同的特殊大腦運作方式者——則是難以讓人接受的。這些成年人也能察覺這種大腦運作方式，但無法命名。雖然別人也能感覺到這種方式，但會本能地將其歸為一種性格特點，一種個性，一種「處於社會邊緣的」、「具有反叛精神的」，或對朋友過於敏感的人格……因此，成年資優者長久以來被困在一個鏡子系統中，他能夠看到自己多形，甚至經常是畸形的樣子。

## 尋找自我

資優者不斷尋找自己的倒影與身分。像所有人一樣，他們也需要明白自己到底是什麼樣的人？自己的大腦是如何運行的？為什麼別人喜歡自己？為什麼自己被拋棄？自己具有哪些才能或真正的優勢？自己真正的侷限又是什麼？這種尋找自我的過程合情合理，也很普遍。人們會在自己身上感覺到一個身分核心，圍繞該核心來構建自己，以該核心為出發點，融入社會生活以及和他人的關係。

從嬰幼兒開始，我們就不停地努力理解自己，以便更充分地理解這個世界與他人，進而更好地生活。根據人格的不同，人們或較有意識或不太有意識地完成這個自然行為。有些人在生活中有堅定的信心，予以他人安全感，也能使人安心：事情必須這樣或那樣做，應該依據情境的不同，做出適當的反應；而另一些人則比較猶豫，不斷摸索，時刻不停地質問一切，質問生命的意義，擔心一些小事會妨礙他們瞭解別的事物，對環境中最微小的變化做出反應，不斷重新開始一切事情，以確保自己明白了事物的深層含義。他們總是感覺自己既和別人一起，又同時與別人存在著距離。這些成年人較難適應社會，他們的生活經常與他們本身大相徑庭，但又假裝相信生活……而所有人覺得，這一切都很正常！

他們這種特殊的困境逃不過有經驗的臨床醫生的眼睛。生活出現問題、經受心理折磨（有時比較嚴重）的成年資優者為數不少，應該對此認真採取措施。如果他們將自己託付給一些沒有經驗的醫生，或者更糟糕的——拒絕診斷、盲目追尋一些診斷或治療的「朝聖行為」，只會加重病情，加深孤獨感和無法理解這個社會的感覺。

謝謝。您無法想像自己覺得自己是個正常人是多麼奇怪的事。這是多麼矛盾的事！我在童年時期，特別希望與眾不同。而當我讀到您的書，它告訴我：「你就是與眾不同的」，我覺得自己正常了。這種想法很愚蠢，但撫慰了我。……這是多麼令人吃驚的事！我在閱讀過程中一直熱淚盈眶……您向我講述了我的人生故事，以及我說理時的狀況，這讓我如釋重負。

我從未接受過智商測試，但我總是懷疑一些事。當我面對別人時，總是有一個聲音對我說：等等，這裡有一個問題，別人的反應會和你的期待有所不同。很明顯地，如果一個瘋子說大家都是瘋子，可他自己就是個瘋子。那我是瘋子嗎？

## 關鍵因素

感覺自己與別人一樣，又與眾不同。但是在哪方面不同？為何不同？保持這種與眾不同的必要性，但同時不惜任何代價希望自己「是個正常人」，換言之，符合社會標準的人。

如果一個人不能與別人一樣做出反應，要被質疑的不是別人，而是這個人本身。大眾思維認為：如果我「與眾不同」；如果我不能「像別人一樣」反應；如果我不能「像別人一樣」理解事物，那我就是瘋子。

資優者需要被他人理解，真正地被理解，而不是像對待標準不同的事物那樣，以精神病學觀點進行解析，習慣上地去理解。

資優者與精神病患者在大腦運作方面有個共同點：他們適應社會的方式與他人不同。一種「存在」的方式將他們與同伴區別開來。於是，有時候就會出現混淆，可能將某個資優者診斷為精神異常，而他絕不屬於「一般的瘋」，是屬於特殊的人格。從詞源學來講，他與一般人不同。這可是有巨大差異的！

我想跟所有成年資優者說；對於明白這點，卻又忽視但完全感覺到這點的成年資優者說，你們是特殊人群：

- 你們具有特殊的思考方式
- 特殊的說理方式
- 特殊的感知、理解和分析世界的方式
- 高度敏感性
- 強烈的易感動性
- 一種難以抑制的想要知道和控制的需求
- 一種強烈的對於周邊環境和他人情緒的感受性

- **一種不斷質疑、對任何事情質疑的欲望**
- **讓你們無法平靜的敏銳的頭腦**
- **你們認為自己是白癡，但別人卻覺得你們非常聰明**

…………

這些特點讓你們成了他人眼中的「陌生人」，但你們內心只是希望被這個世界接受。你們太瞭解這個世界，又對其一無所知；你們希望馴服這個世界，而這個世界卻總是好像在逃離；你們希望藉由這個世界而被接納，可當你們表達自己時，這個世界卻拋棄了你們……

你們只是簡單地希望自己能被理解，讓他人理解你們的特殊性。你們不會強迫別人去瞭解你們的本質：你們很清楚別人不能總是理解你們的說理方式、你們的質疑、你們的感覺，只是希望得到別人真誠的理解。不論差異如何都互相尊重，尊重每個人的身分。

## 我們的世界多麼奇怪！

差異性已經成為西方社會和西方政治中的主導題。接納所有的差異性，現今已成為一種積極的、有動員作用的政治意願。為了接納那些特殊的人群、那些難以被他人接納的人群，各個國家部門都傾盡全力，必須做出各種布置與調整，這些人群包括：身障人士、移民、流浪者……這是再好不過的事了！十分感謝這個社會，因為它懂得讓每個人都各有其位是非常必要的。但當我看到資優者們從未（或過少）被這二十一世紀的社會所重視，便無法抑制心中的惆悵。這些資優者的差異性無法被肉眼所見，其差異性與身障人士不同。後者的差異性引起的不是羨慕，而只是同情。總之，這些資優者默默忍受著痛苦，孤獨地尋求應對自身差異性的解套。

這些成年資優者的困境以及如何融入社會的問題，如果不能得到眾人的同情，也必須至少得到理解。或許這麼做會被貼上菁英主義的標籤，但我必須強調，不要認為資優者僅僅意味著痛苦、失去理智或處於社會邊緣，我們必須看到這些資優者身上的寶貴財富，必須明白他們對於世界的敏感性，以及他們非典型的智力能給我們帶來各種利益。然而，我沒有想到的，是仍然有人認為資優者是傑出的成功人士、是被最著名的高等院校錄取的人、是在社會上擁有最令人羨慕職位的人！怎麼還能有這種想法呢？確定的是，那些認為資優只是種運氣的人忽視了這群脆弱的、感官感覺能力強的人身上的一切。而資優者只求一件事，就是自己也能被喜歡和接受。

超強智力會帶來雙重痛苦：讓人飽受折磨，卻沒有人會同情受折磨的人。相反地，卻會招致嫉妒與挑釁，並因此加重痛苦的程度。我們永遠不會這麼說別人：「他很討人喜歡，但這個可憐的傢伙，太聰明了！」那麼，如何接納那些智力看來過於強大的人呢？人們是否能夠接受法國小說家、評論家、政治家安德烈．馬爾羅（André Malraux）在《人的命運》（*La Condition humaine*）中所描述的情況：「人在受苦，因為他在思考。」

## 埋頭苦幹者並非資優者

這是產生混淆的根源，認為傑出的成功人士就一定是資優者。事實上，人們混淆了這兩類人身上兩種截然不同的特點。埋頭苦幹者的確具有高智力，但卻是一種能夠適應社會的智力，是一種和所有人的智力相似的智力形式，並且只是數量上的差別，而非品質上的差別。

埋頭苦幹者具有數量上較高，而品質上沒有差別的智力。另外，具有這種能夠適應社會的智力的人懂得在工作中將其智力最優化，並將之變成成功的力量。這些人能夠輕鬆地在學業和職場上獲得成功，甚至從人文角度（取這個詞最古典的意思）而言，他們是成功的。這些人是老師們心目中的好學生，從幼稚園到職業生涯，一直名列前茅。當然，我們需要優秀者。這強調了競爭，不會讓人認為有什麼不公平。沒有人認為，一名比對手更「具有天分」的網球選手取得聯賽勝利，是不公平的事；也不會因為某位作曲家以自己的天賦，感動了成千上萬的、處於陶醉狀態的觀眾，而認為這是不公平的事。那麼，為什麼智力是可疑的呢？

對於這一切可能感到不快的人，我們可以退一步說：那些模範兒童，那些埋頭苦幹者好像會成為焦慮的成年人……但是這些埋頭苦幹者與資優者不同：他們善於運用自身潛力，使自己能夠很好地適應社會；而與之對應的資優者，則具有更加古怪的、無條理的、糊塗的、強烈的、雜亂的智力特點，這使得他們的「格式編排」更加困難。

對於資優者而言，首先要戰勝的是自己，將自己對於世界的思維和理解馴服，並疏通成線性、集中的形式，同時撫平自己敏感性中最敏感、最痛苦之處。這是資優者的第一大挑戰。之後，也只有在這之後，他才能思考如何應對這個世界的問題？如何達到別人的預期？他如何成功？

## 一個常見的問題：資優兒童會成為什麼樣的人？

這是一個反覆被提及的問題，所有人皆不厭其煩地提出這個問題：資優兒童會成為什麼樣的人？他們成年後會是什麼模樣？

首先，我想要回答的是：他們現在是什麼樣子，以後就是什麼樣子。他們會按照自己的人格和人生經歷構建成年時的模樣。被生活和他人喜歡、陪伴、理解的不同，和被排斥、被拒絕、被虐待的不同，會讓他們成為不一樣的人。他們會成為他們可以成為的人，就像我們所有人一樣。

在此，我想引入的理念是，並非所有人的成長道路都是規劃好的，大家的成長道路不盡相同。我們每個人都有與他人不同之處，有人成功「利用」了這些差異性，有人卻「與之抗爭」，還有人在面對自己時如墜雲霧中，只能摸索前進，沒有方向、沒有目標，產生了一種持續的不滿。

而這對資優者也是適用的，甚至在資優者身上更為明顯。也就是說，這對於一般人來說，可能是痛苦的，但卻可以接受；可對於資優者而言，這將轉化為情緒炸彈，一切都被擴大，變得更激烈、更極端。

## 成年人——曾經的早熟兒童？

你們是否覺得這樣的標題很可笑？我希望是這樣！這是某家長聯合會向我提出的、作為某次講座的主題。我們立刻就能看出這句話是沒有意義的：這是否意味著，如果我們丟掉了「早熟」，到了成年階段，而早熟就成了「過去式」，再也不屬於現在？這太奇怪了……所以，認為資優等同於智力發育的早熟，因此資優只與兒童有關的這種想法仍然根深蒂固！

## 家長提出的主要問題

圍繞「成年人——曾經的早熟兒童」這奇怪主題的上述小故事能夠充分揭示出該問題的模糊

性，但我們不能因此忘記，對於某個資優兒童的父母而言，這個問題是合情合理的。

作為父母，就有義務陪伴自己的孩子，讓孩子幸福成長，並成為可以幸福生活的成年人。我說的很簡單，但卻是很重要的內容。

資優兒童的智力和情感運行方式使他們更加敏銳、更容易激動，而其父母也因此更加擔憂。一個普通兒童面對某一被強迫的事，儘管不樂意，但也會接受這件事，他會接受服從，不會無休止地爭論，也會因為父母的某些評價而傷心，但仍然保持情緒穩定……可資優兒童則不同，他會因為非常小的挫敗或失望而勃然大怒，不停地且頑固地為某個指令爭論，也會因為非常小的負面暗示而淚流滿面……你們可能會說，這不是跟所有小孩一樣嗎？是的，但也不完全是。

在這些資優兒童身上，一切都更加激烈，更加絕對，更加專橫。在他們發育過程的每一個階段，資優兒童都會表現出不同特點，使其父母面對更加複雜的問題，而資優兒童也會不斷地質疑父母。

在資優者的人生中，學習期間將會給父母帶來最多的焦慮和苦惱。擔心做不好，擔心不知道怎麼做，或者更糟糕的是，擔心「搞砸一切」，每個父母都被這些擔心所擾。

## 一種有利的情況：在兒童時期被診斷為資優者

一名資優者在兒童時期是否被診斷出，以及診斷時的年齡對該資優兒童「長大會變成什麼模樣」會產生重大影響。

我們可以區分成以下幾種情況：

1. 兒童時期被檢測出的資優成年群體，高智力和過度易感性一直被認為是人格的一方面。
2. 在兒童時期被檢測為資優者，但一直未被認為是特殊兒童的群體。或者，更糟糕的是，因為混淆了智力和成功，而期待他們獲得巨大成功。
3. 在成年階段因為偶然、陰錯陽差、好奇或與自己的孩子對比，而被檢測為資優者的群體。
4. 最後，是從未被檢測出、很可能永遠也不會被檢測為資優者的群體。這些人逃出我們的觀察範圍，也肯定會對資優者的理解有所偏差：他們是誰？他們的狀況如何？他們的生活是什麼樣子？

這些資優者當中，那些衝破了所有障礙，並以傳統的標準來看獲得成功的人，在他們內心深處到底是什麼感受？他們對於這種成功是否感到滿意？他們是如何處理自己的敏感性、情感性，以及他們難以理解的對愛的需求？沒有人知道！至少從科學角度或臨床角度沒有人知道。但看看你們身旁的資優者，他們當中某些人的夢想呈現在你們眼裡，難道在這些滿意的微笑之後，你們沒有發現一絲搖曳的火焰？對我而言，一想到他們睡覺時或自己生活中的形象，就會令我不安。

當他們獨自待在臥室中或獨處時，到底是什麼狀態？在那些從未被檢測出的資優者當中，我們肯定也能發現很多不知所措的成年人，對於他們，我們不明白究竟發生了什麼。他們從未能構建，我們認為以他們的智力能力和人文能力應該可以構建的職業生活、情感生活和人文生活。他們「一事無成」或有更甚者，生活在社會邊緣，沒有真正的計劃，無論是內心或外在。

我認為，在他們內心深處，他們感覺到被抑制的部分，從未被承認的部分，一種無聲的、從未表達過的反抗，一種能力被埋沒的感覺（而這種感覺是想都不能想的）……這是一種沉默無言的、無法言說的痛苦，因為我們無法給不可命名的事物命名。對此，我們一無所知；對此，我們甚至忘記了詞語的存在。

## 我們是否可以嘗試預後？

### 較早診斷為了更好地成長

如果資優兒童在發育的較早階段就進行診斷，而且是在善意寬厚和受到保護的環境下成長，就更有機會健康地成長，並在成年階段時也對生活感到滿意。這是非常容易就能明白的，這也是最好的預後！

他的智力和敏感性和諧地融入人格和身分構建之中。對於自身的理解讓他在成長的每個階段都能有意義地賦予其生活經歷。他的身心會一直健康，其人格的自戀基礎很穩固，也可以在信心滿滿的狀態下生活。總之，他會對自己感到「舒適」。

### 被檢測出……卻是被一種扭曲的或無知的診斷檢測出

如果某個兒童被檢測為資優者，可他得到的唯一回饋資訊是：你的智商比較高，你一定會成功！這神奇的智商，這「奇怪的東西」，別人告訴他具有神奇的魔力，很明顯將成為「資優兒童成長過程之外的成分」。就好像人們跟他說他運氣好，擁有別人不具有的「某樣東西」，是一種珍貴的東西，但對此又沒有任何解釋。

另一種版本是：「我們現在知道你有很大的潛力，你得好好利用！」這將導致無限的罪惡感。對於資優兒童而言，會造成真正的內心悲劇。即使他對此不發一語，這一內心悲劇也會影響他的一生：別人跟我說我必須成功，但如果我沒有成功，就證明了我一無是處，我是個無能之輩，是個白癡。而要是我一無是處，那我繼續又有什麼意義？如果我沒有成功，我會讓所有人都失望，大家也就不再愛我，他們會拋棄我。如果我假定應該比別人「多」，而我真正感覺卻是比別人「少」，更加脆弱，更加愚蠢，更加沒用，那我到底是什麼樣的人？所有這些問題都將進入資優兒童的思維和感覺系統。假使阻礙成功的困難繼續存在，這種罪惡感會變得更加強烈，他們的自我形象也會崩塌，心理障礙（有時比較嚴重）也將由此產生。一種惡性循環籠罩在他們心裡，他們的未來也變得昏暗不明！

面對脆弱的兒童要小心謹慎——在解釋診斷結果時要謹慎。對於他所經歷的情況，需要給出準確的描述，進而賦予其意義。要避免那些有時過於誘人的評價——不要告訴你們的孩子，你們很開心，你們放心了；也不要告訴你們的孩子，現在大家知道他會成功了！這並不是資優的含義。

資優是一種存在於世上的方式，是一種理解、思考、論證、感覺的方式，運行方式有所不同。即使資優者擁有真正的潛力和才能，也需要父母及他人和善、堅定的陪伴。資優是一種脆弱的力量，可能發出耀眼的光芒，也可能令人讚嘆不已，但也會因為很小的衝擊而折損。所以，一定要小心謹慎，也一定要有信心。

「我一直都知道，但如果有人跟我說：既然你很聰明，你一定要成功。於是，我就傾盡所能，就為了符合別人對我的期待。但是我非常害怕：害怕做不到，害怕讓別人失望，因為有人跟我說——我必須做到。

那些成年人，他們覺得我有這個能力，而我卻感覺自己是個無能之輩！我非常害怕。但我終究做到了！如果大家認為，成為數學老師是一種成功的話！但至少在和數學打交道時，我的思維不再混亂，而是變得有邏輯。雖然並不總是如此，但還算比較有理性，這讓我感到很放心。

當別人問我做了什麼時，我沒有什麼要『講述』的。任何人對數學都不感興趣，除了數學老師！」四十八歲的蜜雪兒說道。

## 人們假裝無視或向孩子隱瞞實情的診斷具有高致病效應

某些家長有時會選擇不將診斷結果告訴孩子。為什麼？因為他們擔心孩子「患上大頭症」，擔心孩子仗著自己的高智力而不再努力。但這完全是家長自己的想法！他們只聽到了診斷結果中關於智力的內容，對他們而言，這種令人驕傲的事，這種運氣不能「毒害」了孩子。這其實是他們自己對待這一結果的方式。

我們也遇過一些家長，他們決定無視診斷結果。我的孩子很聰明，好的，因此他必須成功，就這樣。他們沒有瞭解診斷的所有層面，那為什麼要揭露這診斷的結果呢？對此，我則不做評論，每個人都有自己對待事物的方式，但我覺得，這種做法對孩子的成長是有害的。

隱瞞診斷結果，會妨礙資優兒童認識真正的自己。這就像在他成長過程中，砍去了他身體的某一部分。而資優兒童面對某些情境時，會遇到各種困難，卻不明白原因，不知道這些困難從何而來。尤其是當資優兒童與他人相處時，有時他會覺得與別人不同，也就難以融入這個群體，甚至感覺自己被排斥。結果是，他很痛苦，卻無法得知其中原因。

他將體會敏感性、對這個世界過強的感知、過強的易感性，而這些就像是他必須抑制的缺點。他永遠不會明白自己人格中智力和情感的特殊性，也不會明白這些特殊性會使他成為具有寶貴財富、同時也異於他人的孩子。

讓我們進行以下比較：想像有一個近視患者，我們決定什麼都不告訴他，而他的視力也將得不到糾正。對他而言，看東西很模糊是「很正常的」，他會努力適應，並認為所有人都像他一樣。在最困難的時候，他可能會認為，這一切源於自己，他可能覺得自己很無能並貶低自己。他如何知道是他的近視改變了他的視力？他如何知道，若戴上眼鏡就能看得很清楚？同理可證，對於資優兒童而言，知曉，就是能夠更清楚地看清自己和這個世界，就是明白他的與眾不同是有原因的。我們可以說明也能夠解釋這種差異。而這就會改變一切！

**基本知識總結**

▼明白我們自己是什麼樣的人，是知道我們將變成什麼樣的人之必要前提。這是自我構建的基礎。

- ▼成年資優者的人格，是以智力和情感運行非典型的形式為基礎而構建的。瞭解這些形式，成年資優者就可以在完全信任自己的狀態下生活。
- ▼成年資優者起初曾是資優兒童；知道這件事能夠讓他認清自己，活出最真的自己。
- ▼資優兒童將會成為成年資優者。
- ▼資優兒童是非典型的兒童，因此也會成為特殊的成年人。
- ▼資優兒童會成為具有非凡才能的成年人，或者不會。這之間沒有必然的因果關係。每個人都有自己的路。重要的是，有一條路存在著。

1：作者註：《資優兒童，幫助他們成長，幫助他們成功》（*L'Enfant surdoué,l'aider à grandir,l'aider à réussir*），二〇〇二年，Odile Jacob 出版社。

# *Chapter 3*

# 從兒童到成年：構建自我，困難重重

## 兒童時期

八歲的皮耶向我解釋道：「我來向您諮詢，是因為我被他人排斥。」皮耶說這句話時用了聯誦，因此我聽成了：我是「紮巴爾」（Zapar）❶於是我回答他說：「啊，你來向我諮詢，因為你叫紮巴爾？」

這是紮巴爾奇遇記的開頭，就像《小王子》的故事一樣，講述了紮巴爾的困境，他跑遍全世界，希望結交朋友，卻感覺如此孤獨、如此傷心、如此與眾不同。他害怕他人卻又希望與他們一起，和他們成為相同的人。他不明白自己為什麼被排斥，他渴望公平、渴望愛、渴望別人的寬容。經過幾次接觸，我逐漸瞭解了。

紮巴爾的經歷，我們也明白了他只能與自己的情緒溝通。他希望透過這種方式與他人、與世界保持聯繫。但是前路漫漫，前途坎坷，紮巴爾需要解決心中的謎團。對此，他經常一無所知。他希望逐漸被這個世界接受，並結交朋友……與他相似的朋友！

唬他們，會是非常危險的偏差行為！父母們，請冷靜。如果您的孩子有學習的欲望，請幫助他。他只是需要一個嚮導，而不是一個師父。他之所以閱讀，真的是因為他想要探尋這個世界。這是非常好的預兆！

然後，很快地，孩子就能閱讀所有內容，如饑似渴地閱讀，而且興高采烈。他會閱讀燕麥片的包裝盒、街上的廣告、商店的招牌……他會欣喜若狂，現在的孩子都會說：「這太棒了！」

## 自我構建的最初階段

在資優兒童的自戀發展過程中，他會感覺自己具有某些能力。他會構建自信的自我形象。在這個階段，儘管也會出現些許誤解，但他得到更多的是欣賞，以及父母的驕傲。人們會說他很機靈、「很有趣」。因此，就這個階段而言，一切都很正常，或者幾乎很正常。

答，但這對他而言遠遠不夠。所以，他又重新提問，不停地問。他需要確切的答覆。怎麼辦？面對我們的不知所措，他慢慢地不再糾纏我們。他明白我們無法回答，這讓他害怕，非常害怕。但他也會同情我們，因為他明白我們也害怕，而這害怕來自於他的害怕，我們和他一樣害怕。他不斷向自己提出這些問題。這樣，他就獨自面對自己。

當孩子不再提問時，父母會感到高興，可他們卻不知道在孩子內心深處，這些問題依舊困擾著他。我們必須知道，即使他一言不發，不再提問，也非常需要安心的感覺。

**他通常較早開始閱讀**。首先，我們要明白，一般開始閱讀的時間是小學一年級。那麼資優兒童為什麼要閱讀？因為他希望理解這個世界，並且他很早就明白語言能夠打開無限的大門。而無限正是資優者們追求的！於是，他要求學習。父母們有點不知所措：他們有這個權利嗎？學校的霸權使父母產生罪惡感，而父母們只能簡單回應孩子的好奇心。實際上，他們有時會聽到這樣的話，說「不符合規定的」學習可能會對「學院派的」學習造成危害，這可能會給孩子的學業造成問題……

我明白當老師面對家長假設性的強烈刺激時，所產生的擔憂。老師也擔心這個孩子成為「聰明的猴子」。但是，面對僅僅關心孩子身上這種本能的學習欲望的家長，如果老師拿上述理由嚇我立刻將他交到我丈夫手中。

即使還是嬰兒，他就開始使用各種手勢、姿勢以及模仿動作，他已經開始呀呀學語。他活潑且好奇，用自己非言語的語言質詢這個世界，以最大限度吸收周圍發生的一切。

**他很早就開始說話**。他的父母經常說，孩子剛開始說話時就說得十分流利，幾乎沒有經歷過「嬰兒」語言的過程。「我」的習得非常迅速，句法也很正確，詞彙豐富得體。

**接踵而來的就是各種過早到來的問題，這些問題涉及各種層面，且永無休止**。資優者問題的主題是生與死的侷限。有些問題讓父母很苦惱，因為他們無法很好地回答：為什麼人活著？生命之後呢？死亡是什麼？在人類出現之前，地球上有什麼？為什麼人類會存在？等等。問題在於，我們這位未來的小哲學家永遠不滿足於含糊其辭的回答。他希望知道，他希望明白，他希望大人能回答他的問題。為什麼？因為他會一直思考這些讓他很苦惱的問題。你們可能會說，這不是跟我們大家一樣嗎？是的，但不同的是，他只有兩、三歲。而向一個孩子解釋一些我們無法給出滿意答覆的問題是件很複雜的事。尤其，是因為我們不希望讓他苦惱，於是我們找到一些近似的回最近我又回顧了這個案例，它充分體現了我們的小資優者在成長路上可能遇到的種種障礙：理解與被理解，與他人的溝通（資優者的大腦運作方式與他人不同），希望結交朋友（卻遭到他人的排斥），強烈感受到他人的情緒（卻感覺如此孤獨）。資優者兒童與他人之間存在著永恆的距離，並且互相無法理解對方。

接下來，讓我們再回顧資優兒童的成長經歷，瞭解他們發育過程的重要階段。

## 嬰幼兒階段

**作為具有探究精神的嬰兒，他不是在看這個世界，而是用自己的目光看透這個世界。**他好像已經開始質問。這點是可以覺察到的。某些資優者的媽媽說，當仍是嬰兒階段的孩子用疑問的眼神看著她們時，她們覺得非常窘迫。有的媽媽甚至說，她們會感到不安，就好像孩子在確認媽媽是否能夠正確地照顧他。

我真不敢跟您講，但有時候他的眼神真的讓我害怕。我感覺他在審判我。在這種情況下，

# 學習階段

## 最初的誤解：無法理解暗含之意

「幼稚園大班時，老師會在黑板上寫下星期和日期。然後，她會問班上的學生。但沒有人回答。那個時候的我已經會閱讀、會寫字，我突然有一種想法，學校的規則是這樣的：當老師提問時，學生是不能回答的。一直到小學畢業時，我才意識到，學生們之所以不回答，是因為他們不識字！我之前一直不懂他們保持沉默的原因，而得出了完全錯誤的規則！因此，在很長時間裡，當老師向我提問時，我都沒有回答。而在很長的時間裡，我也不明白為什麼這樣會讓老師生氣。這真的很荒唐。」

這是二十二歲的阿蒂爾回憶這段不尋常的學習階段時所說的話，帶著一點憂傷，同時也帶著些許怒氣。這段經歷，在多年之後仍然觸動著他。對於自己無法理解一些事物，他仍然有點震驚，而這在他的生命中烙下印記，影響著他目前遇到的困難。他依舊覺得自己與社會脫節，並且總是在問自己，是否真的明白了……

這種故事，我可以給你們講出一千零一個，但所有的故事都反應出一個事實：資優兒童無法理解學校中的一些暗含之意。或者，更確切地說，他是以不同的方式在理解或闡釋這些暗含之意。資優兒童與學校和教育之間這種根本性的誤解，影響了他與知識、學習和學習結果的關係，並導致了很多可預見的困難。這些困難將長期（一直？）存在，並且無論是對他，還是對成年人都是無法理解的。怎麼能夠認為，困難是簡單地來自每個人都以相同的方式理解事物的這種錯覺？怎麼能夠認為資優兒童像別的學生一樣，理解某個要求，或者能夠明白別人對他的期待？

如果他不回答或者答非所問，這既不是一種挑釁，也不是放肆，更不是反抗，而僅僅是因為他沒有理解！

在之後的學習過程中，會經常發現這些誤解帶來的嚴重後果。面對一句話、一個指令或一個問題，資優兒童無法明白人們要求他做的事。與普通學生的不同，他特殊的思維方式長期以來影響著他在學校的表現，使得他們回答問題的方式與所提的問題無關、不同，甚至超過所提的問題。於是，他會答非所問，會離題或者交白卷，因為他確信自己不會做。

一名初中的法語老師講道：「我發給學生一篇文章，要求他們解釋（譬如）為什麼這是一段對話，我需要告訴他們首先要記下所有明顯的因素。實際上，我所期待的並且應該記錄下的內容是：這是一段對話，因為有兩個人在說話，因為有引號，因為這些句子以破折號開頭，就這些！沒有必要再去分析、剖析這篇文章而得出文章的中心內容……這些是顯而易見的東西，但如果我不清楚地詳細進行說明，資優者是永遠無法理解的。他絕對想不到需要做的僅僅是這些。」

這位老師繼續補充：「我還發現，當我把改完的作業還給資優學生時，」他會說，「啊，原來應該這樣做啊！太簡單了吧！」

## ★惡性循環：從不理解到指責

我們非常清楚，資優者的大腦運作方式使他們進退維谷，並將其置於互相不理解的惡性循環中。教師認為，資優學生蠻橫無禮、挑釁，甚至是叛逆和抗拒學習的任務。而學生則不理解自己出現各種問題的原因，無法認清自己特殊的大腦運作方式，以及為什麼不符合學校要求，並且認為教師的指責是不公平的抨擊，傷害了他自己原本自信的形象。誰可以幫助他呢？

## ★需要確切性

為了能夠回答問題或執行某個指令，資優兒童需要確切地理解。因為他是以另外一種方式理解的，所以經常會不按照要求做事。他需要尋求確切性，這是一種適應的策略，但這經常被認為是挑釁或蠻橫無理。

在問診過程中，我問九歲的皮耶一個我會向所有孩子提的問題：他在學校哪方面表現得最好。聽到他的回答，我自己都有點難堪：「在學校哪方面表現得最好？在課堂上還是在課間休息時？」

這種對於確切性的需求也發生在詞彙的字面解釋過程中，而這往往是導致混淆的原因。

「那麼，泰奧，你假期會做什麼？」

「我會照顧它。」這個七歲的小男孩這麼回答我。我向他提了一個乏味的問題，而他也給了我一個乏味的回答！

## 開始失望

### ★學校就是這樣？

實際上，經常會出現這樣的狀況，資優兒童滿懷好奇、迫不及待地去上學，幾天後回家時卻非常失望。他以為可以迅速學到一大堆新知，而事實上卻是一直在氣憤地黏貼彩色膠帶或上色。他經常會說：學校簡直是為嬰兒設計的。幾個月、幾年過去了，他又出現了另一種失望：老師對於學生是否知道答案不感興趣！類似「你，我知道你知道答案」這樣的句子，將會對我們年幼而充滿熱情的資優學生造成很大的傷害。

於是，資優兒童下了一個「在學校時不建議知道太多東西」的總結。除此之外，高智力的悲慘命運在於知道太多東西是其他學生不待見的，他們會把「這匹小斑馬」當成受氣包❷！更糟糕的是，資優兒童可能還被稱為書呆子！因此，資優兒童就學著不說話，以免自己遭到如此不公正的指責。

### ★害怕成為白癡或感覺自己已經是白癡：差距的陷阱

還有很多其他嚴重的阻礙等待著資優者，因為資優兒童對此毫無預料，會更難面對。資優兒童習慣了迅速理解，毫不費力便能記住很多內容，學習也不需要太用功，但經常卻做不到別人要求他做的事。或者，更確切地說，他做事的方式不對，因而出現了一些負面的評價和很低的分數。資優兒童不知道該怎麼辦，也不明白為什麼自己做的都不對。

此外，在他周圍的眾人都很驚訝，類似「你可以做得更好的，你沒有努力，你應該更加認真地學習」的話讓他更加迷惘。沒問題，但如何做到？如果我們不知道如何解釋自己困難的性質，那要如何讓別人知道我們做不到？當然，這些困難和與眾不同的智力所導致的差距有關。可是誰知道這些呢？也與難以進入其思維方式有關。無法論證一個答案（即使這個答案是對的），不知道如何論述、推理、組織思想（即使知道這些思想是什麼），這些都是這種非典型的智力運行方式帶來的後果，導致資優者無法符合學校的要求。

於是，面對失敗，氣餒的感覺就逐漸籠罩資優者原本良好的意志，他也逐漸確信自己是白癡或無用之人。失敗的惡性循環啟動，並對心理平衡、行為和自我形象造成很多嚴重的後果。如果困難繼續堆積，隨著歲月流逝，這種惡性循環將很難停止。

### ★資優兒童和學習障礙：一對假敵人

與普遍接受的看法不同的是，資優兒童也會遇到學習障礙。甚至目前的研究發現，資優兒童出現學習障礙的頻率，是以前沒有預料到的：大約四分之一是發展性協調障礙患者（Developmental Coordination Disorder; DCD，書寫或組織協調困難）或閱讀障礙患者，而超過百分之十的資優兒童有注意力問題。難題在於，這些障礙或異常可能在很長時間內未被發現，因為資優兒童以其智力掩蓋了自己的問題，直到某一時刻，無法再掩蓋，問題便爆發了。於是，資優兒童將面對失敗，這是他自己或者任何人都沒有預料到的。與此相關的，便是自戀的崩塌。我們需要關注資優者的學習困難，且這些困難可能有特殊的原因！

## 開始感到厭煩

厭煩感源自資優兒童的節奏與其他學生節奏之間的差距：理解第一個單詞時、第一次閱讀並記憶時、第一次知道如何解釋時。當老師用各種形式不斷重複以確保所有人都掌握了所學知識時，資優兒童該怎麼處理這段時間？學校的時光變得漫長，充滿矛盾。因為在學校，資優兒童無法充分發揮智力；因為教師的天性無法讓資優兒童完全發揮其能力；因為學校課業太簡單，導致資優兒童像空踩腳踏車車輪那樣輕鬆，但卻漸漸讓他失去動力，學校的時光就成了用來思考的「自由時間」。而思考或在自己的思想中行走，對於兒童來說會導致焦慮。因此，資優兒童通常不喜歡學校。對他而言，在學校的日子漫長而無止境……厭煩感會毒害其學習過程，也可能導致一連串的障礙，進而使得其心理整合與平衡更為複雜。

## 難以和他人接觸

「我身體中的一部分可以適應班上的其他同學，可以與他們相處融洽。但是，我無法和任何人分享我生命中的其他部分，沒有人明白對我而言什麼最重要。」五歲的克洛艾還是個小女孩，已經迷失在課間休息的操場上……

如何交朋友，如何被愛……這是資優者一生要解決的關鍵問題。資優兒童很難在他人身上找到身分定位。他們既覺得和別人相似卻又有所不同，經常無法理解他人的反應或態度。有時好像能與他人互相融合，但總是覺得有差距……與他人的相遇被擾亂。更糟糕的是，與他人的相遇可能帶來無窮盡的傷害。

實際上，被他人拒絕、排斥或嘲笑都會隨之而來，而資優兒童已被如此多的攻擊震驚到了。但他們卻不知道，自己身上究竟是哪些因素成為他人不斷攻擊的目標，而別人也不理解這個與眾不同的卻又擾亂他們的孩子……被稱為「醜小鴨」的資優兒童忍受著這種被迫的孤獨，並且感受到一種自己真的是局外人的感覺。

希望能夠領導別人，是資優兒童與他人關係中的另一陷阱。資優兒童感受到一種迫切地指揮別人的願望，因為在他們的內心深處，深信自己知道該做什麼以及如何做。不是因為他們覺得自己更厲害、更聰明、更有天分，而是因為他們覺得，只有這樣才對別人好。

作為小小領導者，他們不太能夠得到大家的賞識。尤其是因為他們會經常惱火或有點暴力，男孩格外如此。女孩則會尋求一致同意或者協商，行為方式更加巧妙，尋求大家一致贊同，而非武斷地強迫大家接受。

## 過度的情緒

資優者的人格特點會很難適應他人的生活方式。如果一個人非常強烈地感受到一切事物，包括他人的情緒，他就很容易受環境影響，而導致一些他人看來是過度的、無法適應的、非常奇怪的反應或行為。因為生氣而突然流淚，對他人來說非常可笑、沒有任何道理的不可理解的害怕，以及過度熱情……所有這些情緒的過激反應都將使得資優兒童和周圍的人分開，使資優兒童在別人眼中成為一個古怪的人，而他自己也會因為這些無法控制的反應而羞愧。

強烈的正義感也會讓資優兒童總是對某事表態，不合時宜地干預一些事，或者出現過激的言語或肢體行為。在他和老師的關係中，這將給他帶來嚴重的後果。很快地，老師就會認為該學生的干預行為是不合適的。於是，誤解便產生了……

## 被學校生活破壞的信心

資優兒童與學校簡單的相處會逐漸破壞其信心。從詞源來看，信心（法語：confiance）一詞源自信念（foi），拉丁語為「fides」。信心意味著相信自己，相信周邊的人，感覺我們可以依靠他人，因為他們理解我們。然而，對於資優兒童而言，事實經常相反。他不僅不再相信自己，在學校的經歷也讓他深刻懷疑讓他人理解自己、幫助自己的可能性。

## 在家裡，情況也變得複雜

每天教育、撫養、陪伴一名資優兒童很有意思，會有很大收穫，但也需要旺盛的精力。從早到晚，從晚到早，資優兒童會提出各種請求，介入各種事情，討論、論證，他對簡單的解釋從不滿足，會不斷想知道為什麼，並質疑所有的指令……為什麼我必須做這個？這有什麼用？為什麼你這麼要求我？為什麼這是必須的？等等。

資優兒童會嘗試各種極限，通常讓父母筋疲力盡、忍無可忍，讓父母覺得無法承受。而資優兒童也能感覺到父母難以抑制他，這又導致資優兒童更加焦慮：如果我的父母崩潰了，那我該怎麼辦？

此外，感覺到自己父母的軟弱和極限，會使得資優兒童的身分認同過程變得更加複雜：像他的爸爸，像他的媽媽，把他們當榜樣，但他們看起來太脆弱……

不知所措的資優兒童，經常一個人構建自己的身分，為自己設立標準，這很不容易。各種情緒爆發和眼淚：熱淚盈眶或因為難以撫慰的情緒爆發傾瀉而出的淚水；因為過於暴躁而突然生氣；因為賭氣而無法進行討論，對某一平淡情況反應強烈……都是情緒強烈易感性的表達方式。

這對於所有人而言，都是難以忍受或難以駕馭的。

## 與成人之間緊張的關係

資優兒童無法理解與成人之間的關係。對於他而言，他可以沒有區別地同別人講話，無論是大人還是孩子；對於他而言，大家都肯定會聽他說話。剛開始時，他不會明白別人為什麼埋怨他，為什麼別人會告訴他不能問「大人」這種事情，為什麼不能這麼做。然後，逐漸地，他會明白不能這樣、不能那樣。他慢慢瞭解到，提問是不好的事，這會妨礙到別人。他慢慢變得沉默不語，將自己與他人隔離開來，即使他還是不明白為什麼他的問題會妨礙到別人。

### 兒童時代畸形的反應以及危險

在兒童時代結束時，資優者心中的自我形象通常是被破壞的，甚至是畸形的。他覺得自己天下無敵，卻也覺得很迷茫。他相信自己，相信自己的能力，卻又感覺自己很脆弱。

他想長大，可又害怕世界的複雜性。他不再確定自己是否瞭解這個世界，是否能夠面對這個世界。這都具有危險，是隱藏著的悲劇。

資優者與他人在一起時，感覺自在，可以幸福地生活著，這肯定是大多數。只是我們不太瞭解他們，因為他們不會來諮詢，或者很少來諮詢（作為預防）。然而，我們目前對資優者大腦非典型的運行方式有了更好的瞭解，對資優者的陪伴方式也更加專業。

## 重要階段：青少年

青少年時期讓人擔憂。與人生這一階段有關的因素一下子被啟動，讓人覺得這一階段如此困難、紛亂、棘手。如果一個社會將青少年群體視為有既定標準、有同樣大腦運作方式的團體，那麼這樣的社會是充滿危險和偏差的。

現在，如果我們是一名青少年，我們必須成為青少年應該成為的樣子：行為、著裝方式、反抗、要求等。而市場行銷也經歷過這樣的階段……

從詞源的角度來看，「青少年」一詞來自拉丁語「adolescence」，意思是「長大」。青少年時期是一個過程，一種運動。這是一種轉變，涉及生命的整體，包括身體、心理、智力、情感和社會等層面；這是一個過渡的階段，充滿活力，不是完全意義上的身分狀態。不能把什麼都混淆在一起！

青少年時期的一個悖論：既發生轉變，同時又保有自己。身分是這一時期的基石。身分是青少年階段的目標。是的，當然，暴風雨可能統領青少年階段；是的，青少年階段是人生重要階段；是的，青少年時期的某些危機可能很猛烈；是的，某些痛苦可能在青少年時期爆發。

但是，請保持謹慎的態度，堅持我們的理性。主要在以下兩個方面：

**「他今年六歲，但我感覺他已經是個小青少年了。青少年危機將會很嚴重！」**在這種情況下，「地震」等待著我們，而這幾乎是規劃好的。青少年階段的前景讓人害怕，父母也非常擔心。

**「這很正常，他只是個青少年。」**當這樣一句無傷大雅的句子說出來用於描述一些問題時，一定要小心這種讓人放心的、平淡無奇的想法。將某些特別的偏差或痛苦歸咎於青少年階段，可能不利於向該青少年提供實際需要的幫助。

我們在以上兩種態度中，看到了「青少年」這一概念傳遞的所有擔憂和成見。陪伴一名青少年，就是幫助他成長、實現自己的價值、少一點害怕擔憂，家長需要同時意識到並小心孩子可能經歷的錯亂，但不要誇大或輕忽這些錯亂。這些錯亂要有自己的位置，而父母有責任也有能力去抵抗。這正是我們孩子所需要的。

## 資優者的青少年時期：從錯覺到叛逆

在青少年時期，資優者強烈希望和其他人相同，所以能否融入一個團體十分重要。為了讓自己感覺到存在感和被別人接受，因此需要和別人相似，致使資優青少年不再想要與眾不同，也逐漸無法忍受自己的特殊性。不僅如此，作為資優者，簡直就是可笑、沒有意義，像白癡一般。「這沒有任何意義！」資優青少年經常這麼強調。

資優青少年第一個真正的心理矛盾問題：自己對待事物的方式和自我構建的方式與眾不同，並且絕對拒絕阻礙、擾亂身分意識的差異。

## 不可能的確信

資優者的思維方式總是在變化，有各種聯想，這讓他們總是提出新問題或新假設，使他們無法得到精確的單一答案。而每一個新的回答導致一個新的問題。因此，他們一直處於懷疑的狀態，並且懷疑一切，從內心到外部事物。這種大腦運作方式會導致他們難以做出選擇，當面對如此多的可能性，如何做出選擇？如果一個人無法平靜地停下來對事物進行確認，如何做出選擇？既然一切都可能被質疑，那麼為什麼要選擇此而非彼？選擇，也就意味著放棄……我們非常清楚，如果一個人永遠無法停止思考，智力將會引起抑鬱。

梅拉妮今年十六歲。一天早上她來心理諮詢，看起來筋疲力盡，並懇求道：「是否有一種藥物能夠讓我停止思考？」

「人類用言語和思維簡化了這個世界，因此能夠確信事物；而能夠確信事物是這個世界上最強烈的精神滿足，比金錢、性和權力加起來還要強烈。放棄真正的智力是為了能夠確信事物需要付出的代價，並且是我們意識銀行中無形的開銷。」

### 無法選擇的階段

青少年時期是做出選擇的階段，要做出方向的選擇，為將來做出選擇。面對青少年無止盡地猶豫，成年人會說出一些失去理智的話、真正充滿矛盾的指令：由於你已經沒有選擇了，現在你必須做出選擇……這種指令讓青少年不知所措，因為做出選擇，對他而言已經是不可能的任務。但成年人竟然堅持認為，他已經沒有「不做出選擇」的選擇！如何走出這死胡同？

## 集體意識

資優青少年往往具有強烈的集體意識，他們永遠無法擺脫自己的生活環境。他們以廣角的方式來觀察環境，使得他們無法聚焦於自身，並因大環境中的因素感到憂慮或滿意。

因為還是太年輕了，資優青少年無法接受不公平，也無法接受這個世界的不公平與不和諧……

二十歲的朱利安最近跟我說：「無論如何，在這樣一個充滿仇恨、衝突和不幸的世界裡，我要如何承認自己是幸福的。對我而言，這不可能！」儘管他很愛女朋友，也無法接受自己是幸福的。

資優青少年不可能接受自私的幸福。他們無力改變世界，生活也非常空洞。如果要在如此不公平的世界上活著，且幾乎不可能看到這個世界有什麼真正的進步，那麼為什麼還要活著？我有權利幸福嗎？

在兒童時期，他們這種認為自己天下無敵的幻想、認為自己能夠戰勝人世間不公平的希望，經常是非常強烈的，改變這種世界的方法占據著資優兒童一大部分興奮思維空間。他擬定計劃、方案，產生新的想法，認為有一天能夠實現。

八歲的讓說：「等我長大了，我將要發明一種治療愛滋病的藥物。」因為他閱讀過或聽說過鼠尾草具有某些功效，便在腦海裡研製一種「有奇效」的植物配方。如同所有孩子那樣，認為自己是萬能的，他也相信自己有能力拯救愛滋病患者，但他所關心的事往往超出他的能力範圍，也和其他同齡兒童完全不同。實際上，大部分的普通兒童根本不知道這種病的危害，或者即使他們知道，也不覺得這與自己有關。

第二天早上，我跟媽媽說我不能總去學校。她問我發生了什麼事，我回答她說：像往常一樣，沒有什麼特別的。

「你生病了嗎？」

「我很傷心。」

「因為什麼？」

「因為一切。」

「什麼？一切？」

「我們冰箱裡的肉和乳製品，馬路上的毆打事件，車禍，還有拉里……」

「誰是拉里？」

「自然歷史博物館前的遊民。他在乞討時，總是說：『我向您保證這只是為了吃點飯。』你竟然不知道拉里是誰，但你可能總是會看到他……還有可憐的小孩，站在 IMAX 大廳的收銀台時都看不見脖子；一想到有一天太陽會爆炸；我過生日時，大家總是送給我已經至少擁有一件的禮物；窮人會變胖，因為他們總是吃髒東西，因為那很便宜……惡夢；微軟的Windows系統；老人們白天都沒事可做，因為沒有人想和他們在一起，而老人們也不好意思要求人們陪他們；祕密……好聽的歌曲；一想到五十年後人類不復存在。」

「誰告訴你五十年後人類不復存在？」

…………

「你是一名樂觀主義者還是一名悲觀主義者？……」

「我既不是一名樂觀主義者，也不是一名悲觀主義者，但我很樂觀。」

「那麼你將不愉快地得知一旦可能，也就是說在不久的將來，人類就會自相殘殺。」

「為什麼好聽的歌曲也讓你悲傷？」

「因為歌曲都不是真實的。」

「從來都不是嗎？」

「沒有任何東西是既美麗又真實的。❸」

## 對於世界和他人過度敏銳讓內心無法平靜

即使是非常小的細節，尤其是情感方面的細節，也會被放大，產生巨大的影響，經常會使得他們情緒不可控制。情感上的敏感度、容易因他人批評而被影響，這些都會使資優青少年變得無比脆弱，因為他們不能置身事外，不能保持距離。這種過度的敏銳又被他們的智力分析能力擴大。這裡涉及的，不僅是感覺層面，也包括每一種經歷的情境的深入分析，需要進行非常細緻的分析，其中任何資料資訊都不能遺漏。

### ★對自己毫不寬容地清楚認識

清楚認識他人，首先得清楚認識自己。資優者在進行自我分析時，沒有任何讓步，常常觀察到自己的每一個缺點、每一個侷限以及最小的錯誤。因此，自戀對他們來說變得異常困難。他們經常用殘酷無情的眼光看自己，所以很難愛自己。

### ★對身分識別造成阻礙的清楚認識

這種過分敏銳使得資優者很難預計到自己成年時將會是什麼樣：他們非常敏銳地分析將來的

所有風險，並感受到一種真正的害怕，進而阻礙自身發展。在青少年時期，智力尤其會引起抑鬱。

## 第三個向度

我們非常驚訝地觀察到，自少年時期開始，資優者都會從三個向度對待每種情境。首先他們體驗這種情境；同時，他們與之保持一定距離，並觀察情境，就像攝影中的仰攝手法；最後，他們還以觀察家的身分觀察這種情境。他們看自己如何行動、如何行為、如何思考。他們感覺自己既是演員，又是觀眾。他們會預測將會發生的事，別人會如何回答，別人的情緒（我們已經瞭解了資優者的移情能力），以及他們自己會說什麼。資優青少年說自己無法用簡單的方式處理事物，總是想要分析一切，觀察事物最小的細節。

## 青春期突然到來，對情緒負荷產生抵抗

通常，在青春期才開始認知發育的最後階段：抽象能力、概念化能力以及假設演繹思維方式。但是資優青少年在很早以前就已經達到這一思維的成熟階段，而青春期過程涉及的是早已成熟的

思維方式。資優青少年會經常使用抽象能力。青春期以及青春期導致的身體變化，使得一些敏感性和新情緒的出現，加強認知防禦機制。資優青少年會嘗試用認知的方式操縱自己的所有情緒，並讓自己與情緒保持距離。這樣做有一種失去活力的風險：身體可能再也無法感知任何東西，或者內心一片空白，無法感知任何事物。智力／身體的割裂可能變大，並割斷一切與情緒領域的關聯。資優青少年可能會完全抑制自己的情緒，也可能出現或輕或重的偏差，成癮現象或行為異常將成為主要的症狀。

## 害怕愛情

戀愛就意味著任由其感情和情緒浮現。然而，這正是資優青少年所抗爭的，他們對愛情的反抗經常非常激烈。

對於青少年而言，危險在於一旦打開堤壩，他將被情緒的浪潮捲走，而他再也無法控制或制伏這種情緒浪潮。資優青少年害怕這種情緒氾濫，害怕讓別人看到自己的脆弱和敏感，害怕忍受痛苦。資優青少年經常使用幽默作為與他人交流和啟動自我保護機制的方式。對他而言，這也是吸引別人的最佳武器。

## 青春期的差距

資優青少年在學業上會處於領先位置，但可能會出現青春期的差距，他會對此感到羞愧。

十歲的朱麗亞現在讀中學二年級，她說：「我不會去女同學家睡覺，因為洗澡時我會尷尬。我們班上的女孩子胸部都發育了，但我卻沒有，就好像一個嬰兒。我覺得自己是不正常的。」

## 與同齡者的認同過程

對於資優青少年而言，與他人的認同過程是複雜困難的。在青少年時期，和團體中的人相處，屬於某個團體成為一種規則，資優青少年感覺到的差異感將會更加強烈。在他嘗試融入他人時，資優青少年總是能感覺到他和別人之間，甚至是和他的好朋友之間存在著距離，就好像他永遠不能徹底地存在。即使這種距離微不足道，也能將他和別人區分開來。

另外，資優青少年經常很難對吸引其他青少年注意力的話題產生興趣，他必須花費巨大的努力才能適應。然而，和其他人一樣，資優青少年也需要團體進行自我構建。但他卻很難在團體中找到身分的依託，並因此陷入痛苦的孤獨裡。還有一些人會將自己完全封閉，以致於徹底與外界隔離。

如果資優者沒有被及時檢測出，他經常會感覺到在與他人的關係中出現的隔閡感，也會害怕自己是瘋子，而不能融入他人。這種差異感會導致嚴重的不安，令資優者很難擺脫。這也再次證明，對資優者早一點進行診斷的必要性。目的是要避免最糟糕的情況發生，使得資優者的發育狀況盡可能達到最理想化。

## 學習出現了挫折時

因為對自己的特殊思維方式不瞭解，資優青少年也可能對自己的智商產生痛苦的懷疑，這種懷疑也會使其自戀基礎變得脆弱。

如果一個人從來沒有真正認清自己是什麼樣的人，那他就很難將自己的思維方式融入身分構建中。

## 兒童時期的幻想破滅了

資優青少年最大的失望，在於清楚意識到現實的侷限性。而在年紀更小一點時，他曾認為自己以後可以做一些大事，可以改變世界，發明一種新的生活方式。而如今，他突然意識到自己能力的限制以及這個世界的限制：原來的一切都只是幻想！於是，青少年會將「資優」看作非常痛苦的葬禮：埋葬自己某一部分以及兒時幻想。

父母所起的作用是極其重要的，因為資優青少年非常脆弱，他需要幫助，即使他所有的行為都表現為相反的意思。

## 過度惱火

在資優青少年身上，怒氣可能是這一時期最明顯的情緒。針對整個世界的怒氣；因為自己與眾不同而生氣；因為自己沒有像原本設想的那樣取得成功而氣憤；因為感覺自己不被理解而生氣；針對系統、標準的怒氣；以及因為生活妨礙自己存在而生氣。

## 資優青少年特殊的病理形式

當資優青少年出現問題時，其病理形式和其他青少年的病理相同，但是必須要瞭解一些特殊性，這樣才有利於進行具針對性的治療。

### 自我評價障礙以及抑鬱

資優青少年的自我評價障礙是成體系的。他們自我形象的波動會擾亂一切穩定性。有時，他會確信自己什麼都能完成，有時又突然被深深的無能感壓得喘不過氣來，有時因為自己的某些成功而沾沾自喜，有時又被意料之外的失敗重重一擊。資優青少年對自己的認知是異常的。

白癡？有天分？有能力？無能？如何在這種碎片化的矛盾形象大雜燴中找到自己的位置？嚴重的自我評價障礙，通常與抑鬱綜合症有較大的關聯，並且尤其會導致資優青少年的抑鬱代謝失調。這些資優青少年圍繞著自我形象的衝突，進行自我構建，其自戀基礎非常脆弱。

## 「尤其是不要再思考」：資優青少年抑鬱的特殊性

除了與抑鬱期相關的常見症狀，資優者的抑鬱可以被定性為關於「真空的抑鬱」，目的就是不要再思考，尤其是不要再啟動用來思考的可怕機器，後者正是痛苦的來源。這種抑鬱型的「真空」是抵抗思考的機制。這不是我們在其他臨床狀況中遇到的結構性真空。

對於資優青少年而言，思考是危險的象徵性同義詞，是死亡危險的同義詞。透過認知進行自我防衛會阻止情緒干擾。在諮詢過程中，對於我們提的問題，資優青少年會不斷重複「我不知道」。他不願意，也不能允許自己啟動這種思考，再一次淹沒在無法忍受的痛苦中。不再思考，意味著努力忘記沒有答案的問題，關於自我、他人、世界以及生與死的問題。我們清楚對於治療的抵抗非常難以緩和，治療也是非常棘手的事。

## 智力抑制和厭學

對於資優青少年，抑制是一種融入他人的策略。停止自己獨特的大腦運作方式，意味著試著與他人一致，也意味著不再忍受痛苦。在二十世紀七〇年代，精神病醫生亞蘭．戈夫里（Alain

Gauvrit）提出智力性厭食這一說法：尤其是不再耽溺於思考，並且否認一切形式的智力。在此，我們回到「自我葬禮」這個概念：我的智力一無是處，它對於我是否能融入他人，以及我的精神生活甚至具有危害性。唯一的出路就是「停止智力」。

這其實是攻擊自我，是反對自我的攻擊性突變。這個過程經常會比較極端，實際上會攻擊智力的潛力。抑制智力也會讓資優青少年戴上假智力低下者的面具，幫助他不被別人注意。

厭學是焦慮症最嚴重的形式。可不幸的是，厭學是資優青少年群體中常見的病症。這是從治療的角度來看，最難以治癒的病理，而面對資優者時，情況就更為複雜，由於其智力化機制和嚴密性邏輯很難減輕。

重返學校？去做什麼？為了什麼樣的未來？為了什麼樣的成年生活？這些青少年感覺自己處於無法忍受的死胡同裡，一切出路都不斷被質疑。沒有任何答案是滿意的，沒有任何一條路徑擁有確定性，沒有任何假設具有可接受的意義。

## 表象的反面：從自信到壓力

「我知道你可以的。」「不管怎樣，你總能成功！」但一個人非常害怕失敗時，該怎麼辦？

如何告訴別人，自己感覺自己非常白癡，這樣的自信會讓未來之路更加艱難？如果父母認為，我們可以成功而我們不能，這簡直就是巨大的罪惡感在折磨我們，深深的羞恥感籠罩著我們。我們感覺自己如此孤獨，如此無能。

此外，面對自己的失敗，如何才能不認為自己的確非常白癡，儘管有很多期待，儘管擁有所謂的智力？最大的危險在於，痛苦且嚴重的自我貶低，以及對自我感覺的進攻。

十六歲的克萊曼絲現在上高二，她一直都是一名好學生。但就像其他資優者經常質疑自己一樣，她也總是懷疑自己，常會發現自己的每個缺陷和每個弱點。但事實是她總是成功。現在——在青少年階段——臨近做出決定性的人生方向選擇時，儘管她害怕的程度變得難以估量，她的自戀基礎變得無法控制，父母還是無條件地支持她。她試圖自殺，得過厭食症，在課堂感到極度不適，失去知覺，醫生對此也無法解釋，但這些都沒有動搖其父母對她絕對的信任，可這反倒讓克萊曼絲陷入了地獄般的內心混亂當中。

為了幫助她，父母不斷對她說：不要擔心，一切都會過去，你會成功的……而這番話，不但無法安慰克萊曼絲，反而增加了她的焦慮。面對自己的問題，她感覺萬分孤獨。

如果我們對孩子的鼓勵卻成了孩子們焦慮的原因，而我們又知道這些孩子非常需要被肯定和鼓勵時，該怎麼辦？的確，矛盾就在此。這時要拿出正確的態度，就是平衡。家長應該恭喜他們，為他們感到自豪，但同時給予青少年空間，在這裡他有權處於困境中，有權遇到挫折。家長也需要明白，某些信號是緊急狀況的提醒，也應該明白青少年需要聽到這樣的話：害怕是很正常的事，害怕有時候讓人很痛苦，可能無法擺脫懷疑。經常的情況是，父母在面對孩子的害怕時所產生的害怕感，讓他們有了這些態度。不否認別人的情緒，已經是很大的慰藉，並意味著有重新調整心理的可能性。要永遠記住這一點！

## 資優青少年的治療

為了能夠正確治療資優青少年，還需要知道他是資優者的事實，並瞭解他大腦運作方式的特點，以調整治療方式。對於資優青少年而言，一位有經驗的治療師是不可或缺的處方！

在資優青少年的精神療法過程中，治療師必須介入，並且相信是可以找到方法的，相信透過移情、互動和動態的結合，可以找到適當的方法。我們只能期待這位資優青少年有所轉變。治療師必須勾勒出他認為最合適的途徑。

對於資優青少年，我們不能牽著他的手，而是拖著他。如果治療師對一名資優青少年說：這就是我所理解的，這就是我們將要做的，這就是為什麼這樣能行得通的原因……這對於面對自己時比較迷惘、非常需要被承認的資優青少年來說，情況已經有了很大進步。如此，我們可以進行有效的、具啟發性的陪伴。

不要忘記安慰劑效應（placebo effect），其治療效果如今已經在醫學上得到廣泛證明。如果人們認為某藥物是有效的，大腦就會提前減輕疼痛感，並釋放出一種類似嗎啡的化學物質，可以減輕痛苦。在精神療法中，也可以使用這種方法。我們千萬不能忘記！

## 必須對認知部分進行治療

有個非常重要的治療傾向：在治療中，必須考慮一個人的認知部分。在這樣一種棘手的治療過程中，溫柔且耐心地陪伴資優青少年，這種方法可以讓他逐漸重新馴服其思想。

必須知道，思維的風險是最難逾越的障礙，也是出現病理的原因。這種認知救護法，在整個心理重建和自戀重建過程中，都是必不可少的。對認識部分進行治療，意味著需要能夠將認知仲介（Cognitive mediation）融入到治療關係中。這是一種不能不考慮的治療手段。

## 必須進行兼收並蓄的治療

對於資優青少年的治療，也需要兼收並蓄：能夠靈活地從一種治療框架轉換成另一種治療框架，從而不斷適應不同的痛苦症狀。如果只在唯一的固定不變的治療框架內，則會將資優青少年禁錮在他很難適應的治療過程裡。

## 資優青少年：有經驗的操縱者

治療師同樣必須意識到，年輕資優者非凡的操縱能力。首先，是資優青少年在測試心理師，他需要評估心理師是否具有理解自己、幫助自己的能力。這不是反抗，也不是無用的實力評估報告，而是資優青少年十分需要對自己周邊的人進行分析，理解他們，以及他是否具有成功的天分。

在某些情況下，為了讓父母高興，或者為了感受到暗自的智力喜悅，資優者會主動適應心理師的風格，根據心理師對資優者有何期待而調整自己。他通常會提前設想心理師的問題以及心理師的分析，而落入陷阱的心理師則會產生自己能力很強的錯覺。

因此，在之後的幾個月甚至幾年時間裡，都是一些無用的治療，讓資優青少年陷入自己製造的錯綜複雜的困難中。實際上，資優青少年真正需要的，是別人能夠真誠地理解自己，並有效地幫助自己。他渴望幫助，但對於是否能真正得到幫助則不抱幻想。

## 日常治療場景：心理師和資優青少年

我們也可以將這種場景看作古羅馬競技場上鬥牛士和牛的決鬥——這簡直是一場殊死搏鬥。誰將取得勝利，心理師還是患者？或者是，心理師成功地讓這位熱衷於自我防衛的患者卸下防禦？這位脆弱的患者十分擔心別人過於瞭解，自己費盡心力保護的情緒經歷。若治療師成功做到，他將會象徵性地「抹殺」了資優者的防衛機制，「抹殺」了資優者那神祕的保護殼。但治療師認為，這樣做對資優青少年完全是有益的。

而如果是資優青少年「獲勝」，他將會從兩方面成為失敗者：他隱瞞了自己私密的傷口，並且再一次成功地戰勝了別人，控制了別人，而他自己卻是如此需要被幫助。這讓他痛苦地確定，沒有人可以真正理解自己或幫助自己。

對於患者而言，以下兩種情況意味著「被處死」：首先是卸下防禦心並接受他人的幫助；其次是承認自己脆弱，因為心理師成功了——他贏得了處於困境中的資優青少年的信任和尊重。

愛德華說道：

「我的心理師牌攤得太快了！她本來應該繼續審問我一會兒才對。但她抵抗了一小時後，便有點鬆懈。她的人格占了上風，以及她的敏感度。她應該感到很疲憊。因為這需要花費她很多的精力！」

從愛德華的話中，我們可以看到這場戰鬥中所需要耗費的精力，以及這場本身就不公平的戰鬥中，雙方需要付出的努力和壓力。儘管不公平，這場戰鬥還是在同一個場地上進行。

至於愛德華，他出於同情放棄了戰鬥。他基於對心理師的尊重而放棄，以免讓心理師面臨巨大的職業困境。他尊重她和她的能力，以及能夠拯救自己的東西！

## 我們還能做點什麼？

「青少年時期是不應該錯過的開始。」❹

這很重要，需要信任。青少年時期如何並不代表未來就一定如何。我們的童年可能很順利，但青少年時期很艱難；我們的童年可能很艱難，卻能安靜度過青少年時期；我們的青少年時期可能很痛苦，但卻能成為幸福的成年人……

青少年時期是一種希望：牌被重新分配，這段時期結束時，生命的遊戲將會以另一種方式上演。總是這樣，對所有人來說都是如此，青少年時期的詛咒不存在，或是出現不可逆轉的障礙。

## 我與資優青少年的接觸

我遇到過很多出現偏差，甚至有時出現嚴重偏差的資優青少年。剛開始時，他們都比較固執，經常發脾氣，下定決心不合作，不讓成年人高興。但當我們瞭解了這種抵抗所掩飾的東西；當我們知道他們隱藏起來的脆弱；當我們掌握了某位資優青少年的智力和情感運行方式，就可以在良好的情況下和他談話，談論他。

和資優青少年一起時，需要旁白（voice over），需要告訴他我們理解了什麼，需要表達出他拒絕接受的東西。慢慢地，資優青少年首先會有些驚訝，然後感到輕鬆，因為終於有人可以用正確的字眼來談論他，而他也會投入這種特殊的關係中——我們在此遇到另外一個人，而這正是為了更好地遇到自己。下的賭注差不多贏了，可以投入這種關係裡，治療過程也開始了。而這一治療過程很快就變成一種「同謀」關係。我平心靜氣地這麼說，但可能會冒犯一些傳統的心理師：如果不能和資優青少年「串通」，一切都無法進行。心理師也必須直截了當地開始這段關係，不能使用任何操縱手段。這是唯一能夠贏得極度不信任別人的資優青少年信任的方式，而資優青少年也只有在確保雙方都非常真誠的情況下，才能和別人合作。

十六歲的菲利皮妮走進我的辦公室，一臉賭氣的樣子。她非常瞭解心理師，也見過很多心理師。她的父母領她來看心理醫生，但是她長久以來一直明白心理師毫無用處。這也是她希望向我明確傳達的資訊。我沒有對她所說的話提出異議，而對於她挑釁的態度，我也沒有做出反應，只是在她旁邊「指出一條路」。我對我所理解的做出解釋，譬如：為什麼她不舒服，為什麼她感覺不好，感覺如此無能。我表達了我相信的，以及我覺得對她而言必不可少的，就好像我幾乎不介意她的存在和她的反應一樣，這出乎她的意料。慢慢地，菲利皮妮先是偷偷看了我一眼，然後在她的椅子上坐直了身子，露出了靦腆的微笑，但她還是想掩蓋這個微笑……我知道，我贏了！當信任建立起來，治療工作就可以開始了。我更喜歡使用「合作」一詞。其實，現在我們需要一起去尋找捷徑，讓她走上一條適合她的路，而在這條路上她可以感覺舒適。

## 當大日子來臨時：成為成年人！

這有點像頓悟一般：在兒童時期，人們總是會想「當我長大時」會怎樣，以及這種狀態可能包含的希望，並且有這樣一種幻想：我將可以做自己想做的任何事情！

但是什麼時候我們算是成年人呢？這是一個事實還是一個概念？這可能是一個夢想，但總是難以實現。在別人眼中的成年人和兒童／自己感覺是成年人之間存在著一條鴻溝。我們之中有多少人感受到了這條鴻溝？當我們小的時候，所有人都設想過成年人是什麼樣，但這與現在感覺到的一點都不吻合。

## 成為成年人，就是牽著我們曾經是的兒童的手

「電梯裡的這個男人只比我大一點，我向他禮貌地問好。他是否知道，跟他說話的只是個小男孩？我有點驚慌失措，和大人說話時有些局促不安。儘管我也有五十歲了，但他把我當作大人仍然讓我感到驚訝，是的，幾乎有點受寵若驚，覺得難以置信。雖然上了年紀，他在內心可能認為自己還是個孩子，但這是隱藏在心底的祕密，誰也不知道此事，因為從表面上看，他已經是個六十多歲的老頭……這世上沒有大人，只有假裝已經長大的孩子，或者已經長大但是無法完全相信這一事實的孩子，他們無法抹去自己曾經是的孩子的影子，其實他們一直是這樣，身上一直留存著兒時的影子……」[5]

於是，有時候，我們會扮演成年人，假裝自己是成年人，表現出一副成年人的樣子……就像一個孩子一樣胡思亂想。有時候會懷念人生中的這段美好時光，那時，我們可以讓別人帶領，讓

那些我們認為是真正成年的人帶領。儘管我們不總是同意或他們的行為讓我們傷心。我們讓孩子們以為他們知道一切，什麼事都能做，是萬能的，或差不多是萬能的。但當孩子到達這個年齡段時，他們會發現，一切都是虛假的：我們還是一無所知，還是不知道怎麼做，還是擔心害怕，而且是非常害怕！這種害怕甚至比小時候更加嚴重。現在，可以向誰尋求安慰呢？即使是短暫的？我們明白了——即使成年，我們也不是萬能的！而且，就算前路豐富多彩，但是依然坎坷。

## 資優兒童已經懂事許久

資優兒童在成長過程中，一直是懂事明理的。他感受別人的能力、他的情感接受性、他的感知能力和分析能力，都向他傳遞資訊：注意，這是誘惑！他很早就確信，成年人和成年人試圖表現出的形象是不一致的。他很早就知道，作為成年人是一項複雜的、曲折的任務，對於這個任務，人們還鮮有現成的應對方法，因此需要不斷進行調整。

資優兒童很早（過早）就明白，成年人需要面對的生活孤獨比兒童時面對的要更為強烈。當我們是成年人時，即使被愛包圍，還是感覺孤獨。於是，資優兒童以及資優青少年，害怕成年階段的到來。縱使他迫不及待地想要獨立，但他並不著急。他懷疑自己是否有能力面對生活的複雜，因此變得更加害怕。他擔心普通的幸福無法滿足自己；擔心永遠無法實現自己的夢想，但他更害怕這種程式設定好的孤獨。

對他而言，情感是如此重要，與他人的聯繫以及他人的眼光是如此重要。對他而言，情感介入只能是絕對的。資優者的困難並非與他們的與眾不同直接相關，而是與他們認為自己與眾不同的感覺直接相關。

1：譯者註：「我被他人排斥」的法語原文是「Je suis à part」，皮耶說這句話時採用了聯誦（suis 的 s 與後面的介詞 à 連起來發音，成了 za），於是作者誤以為皮耶說的是「Je suis Zapar」（我叫紮巴爾）。

2：譯者註：法語原文為 la tête de Turc，原來指的是「有土耳其人頭像的測力計」，現多採用其引申意，即「被嘲笑的對象」、「出氣筒」等。

3：作者註：出自強納森．薩佛蘭．佛爾（Jonathan Safran Foer），《心靈鑰匙》（*Extremely Loud & Incredibly Close*），法語版譯本。

4：作者註：菲力浦．雅梅（Philippe Jeammet），《青少年》（*L'Adolescence*），二〇〇四年，J'ai lu 出版社。

5：作者註：安德列．孔特-斯蓬維爾（André Comte-Sponville），《人類生活》（*La Vie humaine*），二〇〇五年，Hermann 出版社。

# Chapter 4

# 發現自己是資優者

我不可能是資優者，因為我非常白癡！

很少有人會直接問自己是不是資優者，原因有很多，首先是因為詞彙的模糊性。

我們可以認為一個孩子在智力方面可能處於超前狀態，他可能是過早的聰明，或者可能是異常聰明，但這些最終都只是相對於某個「標準」而言的比較。

即使快速發育是錯誤的觀點，我們仍然可以接受一個孩子「在智力方面早熟」這個概念。但到了成年階段，一下子都失去了意義，這個概念也變得無效了。

資優？如果這意味著比別人多，或更糟糕的是比別人好，或者被證實的確有天分，那麼自認為是資優者就會導致自我誇大的認識，但這與真正的資優者心中的自我形象完全相反。

智力的第一效應便是懷疑自己的智力。我們可以就此得出結論，當一個人是資優者時，他絲毫不會認為這與自己相關。當然，這指的是那些之前沒有被診斷為資優者的人。為了在成年階段能夠認為自己是資優者，需要抓住其所有向度和細節；需要明白這涉及的不是高等級智力，而是具有特殊組成的智力，這種智力改變了觀察世界、理解世界以及分析世界的方式；需要明白情感向度是資優者人格的主要部分。資優最終可能意味著首先會用心思考，之後才用大腦來思考。

資優，總是具有以下雙重特點的人格：具有從品質上看起來是與眾不同的大腦運作方式的強大智力，以及充滿生命各個階段的強烈敏感性。

# 如何發現自己是資優者？

## 經常是透過自己的孩子

這可能是最經常出現的情況。當孩子被提問時，無論原因如何，父母會感覺到這是針對自己的雙重質詢。

1. 當父母看到孩子所經歷的、孩子處理某些事情的方式，與他們可能遇到的困難，會產生一種似曾相識的感覺。

2. 我們在闡述孩子的心理檢查結果時，會描述孩子的大腦運作方式，而這通常會有十分驚人的發現。雖然在談論孩子，但父母會突然覺得這與自己直接相關，他們被聽到的內容觸動，並會產生一種奇怪的感覺，認為談論的是他們自己。於是，他們有時會害羞地問這是否「具有遺傳性」，他們自己也以同樣方式經歷過類似的事情是否「正常」。雖然他們試圖掩飾自己的不安，但我們能感覺到這些父母內心已經驚慌不已。所以，我們有時會建議他們下次單獨來進行心理諮詢。或者，有時父母自己會這麼要求，他們會因為自己竟然認為這樣的事與自己相關，而覺得非常羞愧……

## 或者有時是透過別人的孩子

這種情況也是有可能的。聽說周遭某個孩子被診斷為資優者，我們透過其父母談到這個孩子，或者我們曾經和他度過一些時光。接著，便產生了鏡子效應。如果這個孩子是資優者，那麼這是否也是將我和其他人區分開的因素？資優是否是我在自己身上隱約感覺到的東西？

## 很少是透過自己

這種情況是很難想像的。我們在前文中說過，高智力者通常不會覺得自己聰明，或者更確切地說，覺得自己聰明的方式與眾不同。而謙卑、懷疑、質疑自己，才是資優者思維的無意識行為。

他們需要有一些接觸、聽到的資訊以及偶然的閱讀等，才會出現些許悄悄地議論。成年人通常是在他人的目光中尋找肯定，他會提出一些自己認為是無關痛癢的問題，向那些自兒時起就認識自己的人詢問一些關於自己人生某些階段的事。有時，他會尋求專家的意見，卻很少透過直接的方式。因為那太難了，太複雜了，太大膽了。

成年人可以自己一個人繼續這條他認為既有希望又危險的道路。他有時會認為，這條路可能將他帶向他自己……一想到這點，他會有些羞愧。

三十五歲的奧蘿爾剛剛讀完一份關於資優者大腦運作方式的描述，說道：「我完全是這樣的人，但我不聰明。」這充分地說明了問題，不是嗎？

不過，在資優者內心深處隱藏著微小的聲音，偶爾輕輕地在耳邊說一些話……這微小的聲音說：「為什麼不呢？」這微小的聲音強調說我們多像資優者啊！需要去認真聆聽內心的聲音，它們經常是對的，因為它們深深地紮根在關於我們自己的認識中，而我們從來無法表達出這些認識。它們傳播著內心的知覺，我們最終會相信這些知覺，但卻不敢將之占為己有。

## 如何知道自己是否為資優者？

首先需要做心理檢查，也就是向自己發問，同意去向心理師尋求諮商，並向其談及對自己發問的情況，接受檢測，最後對自己進行分析，瞭解自己到底是什麼樣的人，可以接受或拒絕自己身上的哪些部分。心理檢查，就是去探索自己的內心，但不知最終會發現什麼。

### 心理檢查是什麼？

心理檢查是一整套的，目的在於對個人進行整體瞭解的測試。為了保證全面性和可信度，心理檢查必須包含兩大部分：

**智力評估，能夠對智力和可用認知資源進行分析。**

**人格分析，目的在於瞭解情感組織狀況，並評估心理平衡。**

對於智力的評估只有在人格整體分析的框架中才有意義。單獨的智力量表只能反應人格的一個層面，對於人格的詮釋可能受到影響或者出現錯誤。

心理檢查必須是全面的，且由一名有經驗的心理師完成。只有心理師才有資格進行有效的檢測，才有能力完成心理檢測並進行分析。其他任何分析、其他任何一般的醫師，無論在其領域多麼有能力，也無權進行心理測試。

心理檢查不能簡單地概述為一些結果，而應該對心理測試可以定位的人格進行各個向度的深入分析。

## 有哪些測試？

目前有很多種測試，但是不同的心理實踐會偏向不同的測試方法。對於廣義上的智力運行方式和智力而言，常見的是魏氏成人智力量表（WAIS）。其他測試，比如卡特爾矩陣（les matrices de Cattell）、Rey圖形測驗、D48測試，則根據心理檢查的目標，豐富了對於智力運行方式的瞭解。

對於人格的分析：投射測驗（透過提供的圖像投射出一部分人格），主要是墨跡測驗（Rorschach test，也稱為羅夏克墨漬測驗）。長期以來，一些精神分析學家運用自己的理論對該測驗進行詮釋，改變了該測驗最初的用途。得益於以普通心理學研究為基礎且嚴密廣泛的分析[1]，羅夏克墨漬測驗重新找到了自己的定位。得到正確運用的羅夏克墨漬測驗，是心理情感運行方式和可能出現的心理脆弱完美的「寫照」。由祖林格（Zulliger）研發的Z測試，則是一種更加簡潔的版本，但其分析標準與前一種測驗相同，也能進行充分的詮釋。在其他人格檢測中，我們也能發現關於自我評估、焦慮和社會關係的標準化量表。這些測試均以最嚴格的方式對人格進行分析。

## 魏氏成人智力量表是一種智力測試

魏氏成人智力量表是心理師用來評估整體智商的工具，針對成年人的智力量表中的最佳選擇，也是世界上使用最為廣泛的測試。該量表的目的在於獲得整體智商分數，能夠最準確地反映出一般智力。

我們不要忘記智商並非絕對的測試分數，而是相對的測試分數。這不是對智力進行衡量，而是智力的體現。智商體現的是，以同一年齡段的人群為參考，被測試者運用自己的智力能夠「生產」的東西。

魏氏成人智力量表包含十一項測試（以及三項可選測試），每項測試都能對某一智力向度進行檢測。這些測試被分成兩組：語言量表和操作量表。

語言量表測試是傳統上被認為與習得的知識、記憶力、數學能力最相關的測試。這些測試在某種程度上參考人們具備的智力知識，這是文化、學習和經驗的結晶。這也是心理師所說的晶體智力（crystallized intelligence）。

操作測試是一些新穎的任務，這些任務是否能成功完成只取決於，被測試者在測試的當下，需要啟動的能力以及新的認知策略。這是流體智力（fluid intelligence），取決於之前所有的學習，也最精確地反應了被測試者所具備的智力資源。

**魏氏成人智力量表，十六歲至八十九歲人群均適用的測驗**

魏氏成人智力量表適用於十六歲至八十九歲的人群。如同魏克斯勒（Wechsler）其他的智力量表，這種測驗的形式大約每十年都會進行修訂和更新。當我們接受魏氏成人智力量表時，需要確認所使用的版本是否為接受測試時現行的版本，以防止出現失去可信度的結果。魏氏成人智力量表的各種版本存在於大部分的發達國家，根據不同的文化有不同的設定情況。

## 理解並分析結果

對於智力測試分數進行的分析使得我們可以得出一系列指數，能夠勾勒出精確的智力測驗圖。測試總分，即總智商值，能夠反應一般智力。智商的另外兩項測量可以使智商的測定更加精確：語言智商和操作智商，能夠體現被建議測試的兩個類別，即語言量表和操作量表。❷

其他四個指數將和不同測試中得到的分數一起被計算：語言理解、感覺組織、工作記憶力和處理速度。

除了這些測試分數之外，可以對分數、量表、指數之間的比較進行研究分析。從魏氏成人智力量表中可以用外推法計算出五十多種數值。這些結果的分析也能夠使得我們對智力運行方式及其各個方面有全面深入的瞭解。

## 智商測試分數如何分佈（以及每個指數的分數如何分佈）

測試分數圍繞一個平均值分佈，分佈方式遵循所謂的「正態」分佈法，由數學家卡爾·弗里德里希·高斯（Carl Friedrich Gauss，也是資優者）提出。這就是著名的鐘形曲線。

在以下統計結構中：

平均智商＝一〇〇，置信區間（標準差）＝十五。離平均值越遠，智力值與「正常值」相差越大。

我們可以得出如下圖的分佈方式：

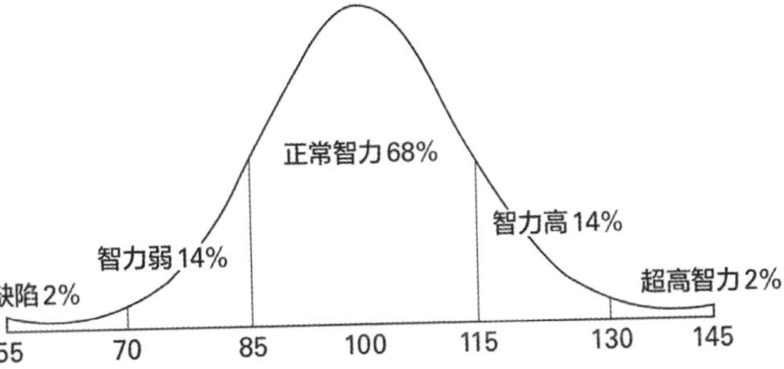

## 得出資優者的診斷

如果總智商分數超過一三〇，則可考慮診斷為資優者，這相當於超過平均值兩個標準差。另外兩種智商，即語言智商和操作智商的測試分數越一致，就越無法做出診斷。如果所有的指數都超過一三〇，意味著智力潛力特別高。

這裡講的是最佳診斷條件，能夠讓我們立刻做出判斷，並確保能將可能出現的錯誤降至最低。但並不表示我們可以滿足於這唯一的評估方式，必須進行補充測試才能全面地瞭解人格。

另外，也評估智力運行方式在心理動力學中的重要性。只有利用這種整體診斷措施才能確認診斷結果，並從各個向度理解人格。

目標是評價幫助和陪伴是否完全符合這個人，及是否符合其人生經歷。

# 診斷措施：當測試分數無法充分說明問題時

## 診斷措施應當總是整體措施

診斷是複雜的臨床步驟。無論這個徵候如何，根據某一個簡單的徵候不能做出任何診斷。只有一系列徵候才能為臨床結果定向，並最終確認臨床結果。

當我們進行心理檢查時，需要遵循決策樹（Decision tree）：根據獲得的結果或在測試過程中出現的假設，我們建議進行某種測試，從而以最好的方式確定人格的運行方式，以及可能出現的障礙。而這屬於人格的智力或情感範圍。

心理檢查是種動態的步驟，要根據個人進行調整。智商值不是一次診斷，只是能夠為診斷指出方向的指數。診斷是臨床醫生的鑑定綜述，是他在和患者接觸過程中，其專業和經驗的成果。

## 當心理測驗圖不能直接說明問題時

### 焦慮

從若干方面看，如同魏氏成人智力量表的測試是需要謹慎看待的。導致受檢測者焦慮，是其中的主要因素。在接受測試的過程中，成年人的焦慮非常明顯，主要表現為兩個方面：積極的方面是能夠以最棒的方式調動其所有資源；而消極的方面是最終因過度焦慮，而抑制了其智力的發揮，可能導致整個測試分數降低。

更經常發生的情況是，某些測試非常失敗，而別的測試卻成功了。我們需要瞭解的是，在魏氏成人智力量表中，焦慮導致的後果會因為測試的性質不同而有所變化。

### 被干擾的心理狀態

例如，抑鬱會大大減弱智力潛力的發揮。如果我們出現了抑鬱的情況（得到心理檢查其他測試的確認），則必須在考慮到抑鬱情感發病率的情況下，對魏氏成人智力量表的測試分數進行詮釋。所有其他心理障礙都會影響測試結果，並且都應該記入診斷步驟中。

### 特殊困難

曾經得過的某些心理障礙可能會在有些人的成年階段留下後遺症，如：閱讀障礙、發展性協調障礙、注意力集中問題……在不同的情況下表現出來。

### 兩個量表之間的差異

倘若在某個量表中的測試分數非常高，但在另外一個量表中測試分數卻低很多，就需要根據差距的不同對此進行研究。

當語言量表明顯成功時，我們可以認為智力投資對於接受測試的人而言非常重要。在智力被用作抵抗機制時，依靠其知識、記憶力、邏輯和抽象能力，可以反應出心理異常。這一差距也可以透過兩個量表測試性質的不同進行解釋。

在語言量表中，我們可以更加容易地啟動那些能融入記憶力中的智力資源，大腦於日常生活透過這種智力來運行。相反地，在操作量表中，重要的是動員不常見的能力，而這對於某些人而言似乎有點難，因為他們認為自己是白癡！

操作量表中的高智商水準，意味著強大的智力。雖存在著潛力，但是該潛力表現過程中存在的某些困難阻礙了其表現，也沒能充分發揮。對於那些在測試過程中與他人關係的壓力，或抑制阻礙了用言語的方式表現自己能力或知識的人，也能發現這種狀況。在語言量表中，心理師採用了直接的語言互動；而操作量表中的認知活動，則是非語言且更自主的。對於某些成年人，很難支撐這種關係。如果需要單獨一個人做事時，一切進展順利。但若需要告訴別人一些事，他們就會感到很不舒服。這是很尋常的狀況，也可能存在其他組合情況。

當我們習慣了和資優者接觸時，很快就有了診斷假設，並且這種假設很快就得到確認，甚至在還未進行測試前。對於有經驗的臨床醫生而言，這是非常明顯的。換言之，測試確認了專業眼光一下子就能明白的事……但這並不代表測試沒有用，實際上正好相反。對測試進行闡明非常重要且不可缺少。

心理檢查不存在好結果或壞結果。一次的心理檢查是能夠讓我們更好地瞭解自己，使得我們在生命前進的過程中，得到一些關鍵性的對策。

接受心理檢查是勇敢的行為，是與自己真正的一次接觸。

## 需要記住的

1. 永遠不能只侷限於一項測試，更不能滿足於簡單的智商分數。
2. 必須對所有症候進行研究，也必須對這些症候之間的關聯進行理解。
3. 在智力量表中，除了測試分數外，還需要對作為智力運行方式基礎的推理過程、策略和性質進行分析。我們應該對「如何」和「多少」更感興趣。
4. 思維過程透過智力和情感變得清楚。智力和情感互相不能缺少，任何一方面不清楚，另外一方面也無法被理解。
5. 即使智商測試分數沒有達到傳統意義上的標準，也可以診斷一個人為資優者。只有對心理檢查進行全面深入的分析，才能幫助我們理解智力的運行方式以及人格的結構。智商是得出診斷的必要條件，但不是充分條件。
6. 即使一個人智力量表的測試分數非常高，也可以得出非資優者的診斷，但我們仍然可以說他具有高智力。
7. 只有心理師才可以根據預計的診斷步驟確定相關測試的性質，也只有心理師的診斷具有臨床價值。

8. 心理師必須總是對完成的心理檢查，提供詳細的口頭和書面報告。任何一種根據書面文件獲得智商分數而沒有其他解釋的做法，或者只是根據某位沒有能力的心理師的話而完成的、不正確的醫學倫理做法，都可能只是天方夜譚。

## 一種或若干種智力？

針對傳統的智力測試最常見的批評在於，這些測試只考慮了智力的一部分。尤其是所謂的學業智力、語言智力、邏輯—數學推理和視覺—空間能力。的確如此，但需要明白的是，像魏氏成人智力量表的特殊性在於其有效性。

換言之，研究證明了這一測試與其他以不同形式評估了智力的測試之間的關係：在魏氏成人智力量表中獲得較高智商值，意味著在別的智力測試中也可能獲得較高的智商結果。這就是我們說的、某測試的有效性，區分了標準化測試和不具備科學有效性的測試。

此外，智力的其他形式（情感的、音樂的、內心和人際間的……）也能體現出個人能力和人格資源，確實也很重要。這些智力的形式很明顯都包含在一般智力中，但如果將這些形式與總體評估孤立開來，就沒那麼重要了。

## 網路上的測試可信度如何？

接受網路上的測試，是以一種遊戲的方式對自己某些領域的能力進行檢測。這可以讓我們明白自己可以成功地做成哪些事，可以解決、理解哪些事，就好像是一幅需要完成的肖像草圖。

也就是說，完成一些大眾測試是有教益的，因為這是一種檢測智力的方式，其結果雖然可能具有某些象徵意義，但不能與診斷相互混淆。就像所有其他診斷：我們可以透過自我診斷或者網路上、雜誌上、書本裡的描述，發現一些病症或健康問題，但這永遠不具有醫學價值。這些徵象或症候必須得到專業人士的確認。

網路上的智商測試並無科學驗證或標定，沒有標準化，其結果只是相對於其目標而言具有可信度，也就是嘗試對自己進行瞭解，僅此而已。

## 智力檢測的歷史……你們知道嗎？

最早的標準化智力測試由兩名法國人比奈（Binet）和西蒙（Simon）於一九〇五年應法國國民教育部的要求發明，目標在於評估精神發育遲緩。之後是在成年人精神病醫院中工作的美國心理學家丹尼爾．魏克斯勒，於一九三九年將這一測試改編成適用於成年人的版本。第一套魏克斯勒智力量表由此誕生，之後被其兒童版本代替。

目前存在三種量表形式：針對六歲以下兒童的魏克斯勒學齡前兒童智力量表（WPPSI）、針對學齡兒童的魏克斯勒兒童智力量表（WISC）、針對成年人的魏氏成人智力量表。這些測試在心理診斷中具有參考價值，並能夠得出有效的智商值。某些智力測驗（能夠評估智力的測試）的歷史更悠久。而軍隊在徵兵過程中一直廣泛採用智力測試。

很多其他版本的智力測試也存在著，並被使用於不同的職業部門。不同測試與各部門職責相關，每種測試根據應用範圍而追求更加特殊的向度。需要檢測的是特別的智力能力：技術、人力、藝術、文學、數學……只有得到認證的心理測試，才有可能對一般智力做出評估。

# 成年階段的心理檢查是勇敢卻艱難的行動

在成年階段進行心理檢查並非理所當然，遠遠不只如此。接受心理檢查，就意味著吐露真情，將自己暴露於他人的目光下，這樣做其實冒著巨大的風險：需要回答很多自己向自己提的問題，而且都是些很陳舊的問題。我們真的需要這些問題的答案嗎？如果只是問題，我們可以設想各式各樣的假設。

根據情況的不同，我們可以「製造」出一種與自身需求相符的自我形象。向自己提出問題不具有任何風險性，因為我們並沒有答案！

**第一個步驟：**敲了心理師的門後，該跟他說些什麼？跟他說我們想做一次心理檢查？但是為什麼？如何說？如何表達無法表達的事，如何表達連我們自己都不相信的事？心理師對我們會有何感想？傲慢？自負？無法適應？也可能是瘋癲？我不知道有任何一位成年資優者想要做心理檢查而不感到焦慮不安、懷疑、腦中反覆思索、猶豫的……

此外，成年資優者必須確認自己試圖向某位心理師表達內心想法時，這位心理師確實有能力傾聽他。這樣的心理師多嗎？能夠對這些與眾不同的成年人完成全面性的心理檢查的心理師到底有多少？又有多少心理師可以明白在資優者這種害羞地竊竊私語背後隱藏著多大的痛苦，而這種痛苦與心理學或精神病學教科書上的痛苦完全不同？當然，我不是在批評心理師，但他們缺少針對這些資優者所經歷過的現實培訓（這些資優者面臨生活的困境，而且找不到地方提出自己的問題），這點讓我非常生氣。

我生氣的原因還在於，有些心理師堅持認為所有這一切都不存在，即使的確存在一些機能不全，資優者也只是一種虛構！他們認為智力當然不是問題，而是一種運氣。簡單來說，他們認為：如果我們很聰明，智力不會是造成問題的原因！

**第二個步驟**：要克服面對測試時的害怕心理。決定面對他人，從而重新面對自己，是極需勇氣的冒險行為。孩子已經習慣了被評估、評定、評分。他們已經習慣了聽成年人談論他們，習慣了測試。對於他們而言，「接受心理檢查」包括家庭共鳴，即使他們明白接受心理檢查的性質不同。

但是成年人呢？他會害怕，非常害怕，且體現在以下兩個方面：

他害怕意識到自己在某些測試中會遇到困難，並因此感受到真正的失望。「所以，我必須自欺欺人，我真是白癡，我曾經還認為我很聰明，真是自負……」這些是即刻被啟動的內心感想，讓成年人深深感到不安。他害怕讓別人看到自己大腦運作方式的侷限性。同時，他會感到慚愧，認為心理師會覺得他是在失去理智地尋覓，因此非常可憐。這些就是成年人在心理測試時，會感受到的害怕。而由於成年人在心理檢查過程中感受到的焦慮感總是非常強烈，並且會導致不間斷的擔憂，而這些害怕的後果會更加嚴重。對於大部分人而言，這種擔憂與害怕是沒有道理的，但卻很難忍受，很難控制。我們需要知道一點——焦慮總是會存在的！

透過網路上或雜誌中的測試進行自我評估，是有趣的娛樂活動，但接受專業的診斷則完全是另外一種體驗。這兩者是完全不同的。接受心理師的心理檢查是冒險行為，具有真正的風險。首先需要面對自己，然後還需要面對他人看待自己的眼光。而心理師將首先對心理檢查進行分析，並對此有一些說法。而這些說法是讓成年人既期待又害怕的！

## 診斷：從解脫到新的擔憂

「的確，這給我人生中無法解釋、無法理解的行為和事件『賦予了意義』（例如，曾經是優秀的學生，卻突然間崩塌；與自己的真實狀況完全割裂的情感經歷）。在經歷了分析問題和解決問題的滿足感後，這可能會導致一絲辛酸苦澀，感覺自己不曾是自己人生的主人，不曾完全選擇自己的人生。」

## 心理檢查後發生了什麼變化？自由！

真相讓我們自由，而關於我們到底是什麼樣的人的真相，甚至可能超過自由，是解脫。我們不再是自己人生的囚犯，重新成為（成為？）人生的主人。感覺自己可以按照自己的實際情況做出選擇、思考人生、理解自己、評估自己真正的欲望和需求，這是讓人極度興奮的事。其實原來好像也能這樣，有時候情況也不至於很糟糕，但並不十分清晰。我們原本以為是自己的聲音在表達，可實際上是自我構建，甚至導致「假我」（false self）的人格。

## 假我：被掩蓋的人格

假我是心理學中經常使用的詞彙，用來表示某些人為了保護真正的自己而構建出的歪曲人格。假我通常與（我們認為的）別人對我們的期待相符，於是我們的人格與他人的期望相符——這讓我們能夠被愛。有時候讓人感覺很開懷適意，但這並不是我們內心被壓抑且無法表達的天性，它有時候會低聲埋怨，讓我們不安。因為我們不知道這種突如其來的、強烈的、無法預料的力量從何而來。於是，我們使用巨大的能量讓這種力量留下，所以這種能量也無法用於其他事物。我們「汲取」我們的能量以保持「華麗」的人格。這是令人筋疲力盡且隨時都在進行的構建。

因為診斷有了這種新闡釋，資優者會突然出現一種強烈的感覺：終於「回家了」。他們感覺自己在漫長的流浪歲月後，終於「到達」了。

「就是這樣！」、「喔耶！」這些是剛剛被診斷為資優者的成年人，為了表達自己如釋重負時，幾乎都會使用的字句。

## 允許自己做真正的自己

面對自己就是允許自己展望與自己相似的人生。於是，一切重新變得可能！

## 我不相信……我們能否談及相信？

心理檢查結束後，經常會有如釋重負的感覺，一種被拯救的感覺，原來籠罩著的薄紗被撕去，真實情況得以重新浮現。然而，這種愉悅感是短暫的，很快又被新的懷疑所代替：懷疑自己。總是會這樣。因為，在它最自相矛盾的形式下，智力創造了智力。這種智力使得我們認清自己，也能夠發現各種缺陷，產生懷疑：這不可能，人們所談論的不可能是我。

於是，資優者的思維方式又重新占了優勢，他會運用自己所有的認知資源進行自我防衛，讓自己理智化。他會竭力為自己的結果辯護，證明他的智力是「正常的」，證明他的測試分數沒有任何特別的地方，並且「所有人的大腦運作方式都跟他一樣」。他會解釋說，他之所以在測試中得到了很高的分數，是因為碰巧都是他知道的內容，他忽視了很多別的內容，他試圖讓別人相信自己的記憶力好，是因為自己的職業需要，或者邏輯一直是他所「擅長的」。資優者總是有充分的理由證明，認為他與眾不同才不正常！

此外，這些測試將被質疑：這些測試從何而來？由誰設計？它們真的能測量智力嗎？「這些測試真的太簡單了！」還有，智力到底意味著什麼？無論如何，大家都能通過這些測試，不是嗎？等等，諸如之類的疑問。因此，我們需要一遍又一遍地向他們解釋。事實上，每個回答都引起一個新的假設、一個新的問題、一種新的懷疑。目前存在的測試、智力的最新概念、抽樣的參考樣本肯定會有瑕疵。那麼要如何證明？

我們需要不斷重複聲明這不是在測量智力，從定義上來看智力是無法被測量的，這只是一些相對分數，用來與其他同齡人通常獲得的分數進行比較。而且，重要的是導致這項測試分數的、隱藏著的大腦運作方式，而不是測試分數本身……但是，一次測試是不夠的。雖然有時候資優者假裝被我們的論據說服，但他還會再來挑戰的。

心理師以及其能力、經驗會在下一個階段或於此同時被質疑。而在這種情況中，問題沒有那麼直接。成年資優者不希望將對方置於窘境，也不願意傷害他。他會避開心理師的問題，但仍會提問，讓心理師不用理解就能明白。或者，更確切地說，為了讓對方明白，他幾乎沒說些什麼話。

總之，他要傳遞的資訊是：我不相信！我如何能突然接受這個版本的我？我如何能夠接受我不是那個我原本認為的我，並且不提出任何異議？原來的那個我總是有點與眾不同、奇怪、與社會脫節？原來的那個我有時候會問自己難道不是瘋子，或完全是個白癡？原來的那個我有時候會被大家列為救助的對象，所有人都認為沒有別的可能性？這是資優者承認的。因此，要如何相信這一切，相信這些測試、心理檢查和分析？

巨大的旋渦攪動著資優者的思維、表象、回憶、重複的句子、隱藏的創傷、失去的希望、掩蓋的害怕……但我也知道，一些思維的火花會重新點燃資優者未受損害的智力敏捷性。而且無論發生什麼，成年資優者會繼續祕密地保持下去。

## 隨之而來的怒氣

因為父母、生活、其他人而生氣，氣自己不被理解，氣自己不能理解自己；偶爾因為做了不得不做的選擇或不合適的選擇而生氣；因為選擇了一條讓自己迷失的道路，在這條道路上感到不適而生氣。

我們現在知道，資優者也會害怕讓別人失望。但是資優者必須成功嗎？

在宣佈診斷結果時，經常會出現上述情況，各種疑問隨後接踵而來。資優是否表示我是了不起的人？有天分的人？做什麼事情都必須成功？而且非常容易就成功？這種害怕與錯覺有關，就好像透過一次測試，我們成了另外一個不同的人，有了新的職責。這是個圈套，但卻給人一種令人擔憂之感。在心理檢查後，我們重新找到的是自己，而非這個世界的期待。

## 注意不要被主要表象羈絆

我想說什麼？非常簡單，就是——面對診斷，關於智力的聯合表象，總會在成年資優者的腦中自動啟動，好像資優者在意識到自己的當下，突然失去了自己的情理常識，以及對事物精細的理解能力。而那時發生的事都變得很荒謬：成年人認為自己必須改變生活，重新考慮自己的工作和職業選擇，繼續學習，重新思考夫妻之間的關係。總之，他必須改變一些事情，還可能需要改變所有事情。就好比高智力就一定意味著偉大命運的職責那樣。當然，這不是在批評，而是一個觀察結果。為什麼呢？很明顯地，是因為害怕。

事實上，成年資優者在快速瞭解自己的人生後，突然與自己、與內心深處的自己、與自己埋藏在心底的懷疑、與自己所有被壓抑的疑問、與自己學著放棄的理念重新建立聯繫。而這樣的害怕表現為痛苦的罪惡感：我的生活是否很失敗？那要如何迅速彌補？既然我知道自己是資優者，那該怎麼做才會讓自己看起來達到診斷結果的要求？思維的錯誤湧入資優者自戀的脆弱性中，心中混亂的自己形象一下子將他帶到對自己的審視和懷疑裡。

## 那麼我們現在該做些什麼？

這個問題合情合理，但答案卻非常棘手且複雜。重要的不是做一些不同的事，而是成為自己。心理檢查讓資優者對自己有了新的認識，並能夠重新思考，在這種情況下該如何生活。但我們還是同一個人。換句話說，心理檢查並沒有改變我們。但這種改變的感覺，是接受心理檢查的成年人經常在無意識的狀態下所感覺到的，就好像他們穿過了一個加工箱，自己發生了變化。

其實，產生變化的是自己對自己的看法，而不是「自己」這個事實本身有了變化。這完全是兩碼子的事。也就意味著，重點不是改變自己的生活、改變一切，或一切從頭開始，任何事都要成功。關鍵還是在於內心，在於個人。這是與自我的和解，與人生、與他人的和解。只需要對內心進行調節。當然，有時候這會導致人生過程的改變，不過這並非主要目標。我們大概可以稱之為副作用。

## 被陪伴

我去看了心理師，這對我有所幫助。但當我試著告訴他，我曾經做過心理檢查以及我是……時，我甚至都不知道跟他說什麼！您明白嗎？於是，他簡單地回答我說，這不是問題，他會針對我真正的困難進行治療。但我很快就感覺到，如果他不願意聽我說「這些」，我的治療也不會有進展。果然，在幾次心理諮詢之後，發生了我所擔心的事：我感覺到我的整個人格被擱置在一旁，我的心理師只瞭解我極小一部分的情況。而我只看到其他部分——他所不瞭解的部分。但他對這部分的情況也不感興趣，因此我甚至都不敢跟他談及。我總是擔心他會嘲笑我，或者繼續跟我說：「這不是問題！」所以我停止了心理諮詢。現在，我仍舊不知道該做什麼。

我無法做到讓別人跟上我。因為，我經常感覺自己走在前面！這很奇怪。我既認為自己是個超級白癡，同時又覺得完全高人一等。這麼說非常愚蠢！但我對於那些我覺得他們帶有問題的人，又有非常清楚的認識。我認為，他們永遠都不會明白我的問題，也不會明白我對自己有什麼樣的瞭解。因此我在原地轉圈，不知道該做什麼，也無法前進。

以上談話內容強調了治療的困難及陷阱。對於患者如此，對於心理師也是如此，還也證明了一個明顯的事實：這些患者需要幫助，但他們需要的是有經驗的幫助，需要有經驗的心理師。心理師應該充分瞭解，使資優者自我封閉的致命矛盾心理，充分瞭解只涉及尋求安心的操作行為，充分瞭解資優者的超強敏銳性。資優者懇求我們要足夠可靠，從而禁得住考驗，能夠幫助他們。

為了具有意義，為了能夠說明問題，為了打造更加舒適的人生，心理檢查永遠都不能與陪伴分開。

透過心理檢查發現自己是資優者是具有決定性意義的一步，因為這會產生一些關於自己、關於人生、關於他人的深刻問詢，而只有在良好的治療關係中才能找到這些問題的答案。

## 治療的目標？

重新找到通向自我的道路，進而重新審視自己的人生經歷，就好像我們重新參觀一個博物館，而更換了畫作的說明文字。畫上的圖像還是同樣的圖像，但解釋已經產生了變化。於是，我們不再以相同的方式觀察事物，而是以另一種方式理解，流覽人生的故事。

從對內心的觀察中浮現的嶄新自我形象，可以重新勾勒出人格的輪廓，也可以為關於自己人生、自己選擇的問題重新定向。重要的當然不是要改變一切，而是將放映機轉個新方向。意想不到的區域會突然出現，我們曾認為很重要的內容正慢慢消失，原本沒有看見的內容則逐漸變得重要。我們明白了是什麼讓自己充滿活力，為什麼能夠擺脫令人困惑且讓人難以忍受的罪惡感，為什麼我們決定弄清楚我們適合什麼樣的人生，還有我們在什麼樣的人生中感覺舒心。

在這種新的視角下，也可以對選擇做出確認。例如，我們可以重新選擇伴侶；可以重新選擇職業；還可以重新選擇人生。這也意味著，我們以另一種方式看待過去的決定，讓我們能夠理解，為什麼這樣適合我們。於是，我們會有意識地決定什麼適合我們，而這樣將改變一切！

## 說還是不說？

尤其是說什麼？如何說？對孩子來講，這已經很難向別人解釋。而錯誤的詮釋是很快就傳開的。因此，當我們是成年人時，認為自己是資優者難道不可笑嗎？認為正因為這樣，我們才感覺不好，難道不可笑嗎？認為正因為自己這種非典型的狀況，才出現了一些異常，難道不可笑嗎？認為我們的智力導致了我們的痛苦，難道不可笑嗎？認為正因為我們是資優者，我們的情感反應才如此強烈，難道不可笑嗎？

你們明白嗎？最大的困難在於不能將事情簡單化，因為這可能導致新的誤解。或者，更糟糕的，導致被嘲笑。即使這些嘲笑是充滿情感的，仍舊非常傷人。

談及診斷就意味著解釋一切，講述一切，為了確認自己是否真正被理解。事實上，這很重要。給自己一個機會得到自己喜歡的人的理解，得到那些自己認為重要的人的理解。坦白說，這很難。

很少人可以接受診斷包含的所有向度，明白所有細微差別。是的，你們可以談論，但只可以向能夠傾聽你們的人談論；只可以向能夠幫助你們、能夠讓你們進步的人談論，或者向關係可以有進一步發展的人談論。必須小心謹慎，就像你們一直以來學著去做的那樣。你們知道，尋求同情或僅僅是別人的理解，最終可能導致極端的痛苦。因為，在路的盡頭可能是誤解。

## 我需要告訴我的父母……

是的，我這裡談的是成年資優者。這在你們眼裡看來或許有點荒唐，但你們是否還記得，孩童時代的經歷會在成年人的我們身上留下很多影子。而那個孩子在長大後，仍然需要父母的認可。尤其，當家庭關係不融洽，如果父母從未發現孩子的特殊性。如果我們在成長過程中，一直覺得自己從未符合父母對自己的期待，在他們的眼神中從未看過驕傲感；如果我們在成長過程中，一直覺得自己成不了大事，那麼是的，我們真的非常需要擺脫這種沉悶的罪惡感和克制住的怒火。我們需要表現出自己真實的一面，從而撫平舊時的創傷。我們需要向父母證明，自己其實是優秀的人，值得他們愛的人。這很幼稚嗎？不見得。這是必須做的嗎？大概是的。我們需要與自己兒童的這部分握手言和，進而過好成年階段的生活。當父母離我們而去後，如果他們從未看到我們的優點，從未理解我們，這將會是永遠的痛……

如果你可以接受自己聽取父母的看法，這也是意味著成長了些吧。

## 改變對自己的看法會帶動他人改變對你的看法

一旦我們開始以不同的方式看待自己，別人會立刻覺察到這種變化並做出反應，表象也隨之發生改變。成年人以不同的方式覺察到自己在他人眼中的反應，做出相應的調整，就啟動了迴圈模式：周遭的人接受這些改變，舉止也逐漸發生變化。這種自我形象和交叉看法（對自己的看法以及他人對自己的看法）之間的循環來回，會幫助資優者重新調節其內心世界，並獲得新的外部世界。

## 成年資優者群體

群體既是成年資優者渴望的，也是他們所害怕的。成年資優者以群體的方式接觸對方，可能導致「相似性」問題：我是否和別人一樣？或者更確切地說，別人難道不是和我不一樣嗎？難道不是比我更多嗎？也就是所謂的更加有天分。在這裡，我們又發現了認為資優者是具有特別天分的人的看法。每個人都擔心自己無法達到這個高度。這是群體工作的障礙。此外，成年資優者還需要感覺自己是獨一無二的，這種需要更為強烈。

這就是同一性和身分的辯證關係：在與自己相似者的眼中尋找另一個自己，但同時又強調自己和那些與自己相似的人不同。這會吸引成年資優者去接觸其他成年資優者，卻害怕這個群體。

群體必須處於相似和不同的平衡中，並創造一種動力，讓每個人感覺既被牽涉，又處於一種與他人同一的過程中。群體表達出每個成年資優者內心深處所想，讓他們感覺到自己作為資優者也得到尊敬，也能被理解。群體工作正確地考慮到這些參數，以及這些尋找自我的成年人的大腦運作方式的特殊性，是自我修復極佳的加速器。

## 最後的問題：知道自己是資優者是否真的重要？這到底有什麼用？

是的，意識到自己到底是什麼樣的人，以及自己可以成為什麼樣的人非常重要。

是的，作為資優者，是巨大的力量，巨大的財富。但前提是，我們能夠清楚地認識到其不同層面，包括陷阱和無限的資源。

是的，必須清楚認識到我們由什麼組成、由什麼打造，什麼讓我們前進。

是的，當我們占據自己，並和真正的自己相處融洽時，就可以成為一個快樂的成年資優者，過著幸福的生活。

是的，資優包含人格的特殊組織因數，我們不能被動地，甚至痛苦地接受，而是應該占有它們，讓它們成為我們人生道路上的嚮導。

1：作者註：尤其是約翰・艾科納（John Exner）做出的傑出貢獻。

2：作者註：注意！在最新版本的魏氏成人智力測驗之六歲至十六歲人群的智力量表中，語言智商和操作智商值已經不存在。只有四個指數：語言理解、感覺組織、工作記憶力和處理速度，能夠對測試進行分析，並構成總智商值。

# Chapter 5

# 各方面均令人出乎意料的人格

每種人格都是獨一無二，每個人生都是與眾不同，每種人生經歷都是獨特的。當然是這樣。但是，我們可以在成年資優者「與人生的關係」中，輕易地發現一些共同特點，這些關係大致上令人滿意。從中，我們可以得出一些類型學分類，就像所有的類型學分類一樣，當然是很粗略的分類，但可以讓我們觀察到通向某種人生安排方式的道路，通向某種令人滿意的人生安排方式的道路。

## 類型學分類的嘗試

這種類型學分類的嘗試不是全面的，而且肯定是簡化的分類，只適用於已經得到診斷的成年資優者，也就是那些知道自己是資優者的成年資優者。

我們可以區分出三種類別，而在每個類別中，成年資優者的人格表現出真正的特點，他們的生活方式並無相同結構，不同生活方式對生活的滿意度，也會產生不同的影響。

## 接受人生框架者

這裡說的人生框架是帶有各種侷限、束縛，以及各種開放性、可能性的人生總體框架。這些人參與人生遊戲，接受遊戲規則，在一個既定框架中發展轉變，把這當成一種為自己服務而採取的適應性策略。這種策略有很多優點，也有些真正的侷限性。

瑪麗－埃萊娜跟我說：「不遵守規則對我來說沒有任何意義。我覺得更有意義的，是不要嘗試改變一切，去發掘我將在系統內部發現的所有可能性，並以最大限度利用這些可能性。而改變一切，需要太多的能量。」

對於那些在框架中發展轉變的人，人格可能是對立的，彼此可能以不同的方式發展轉變。

### 「智者」或被動狀態占主導地位

這些所謂的智者不想鬥爭，不想反抗，他們選擇接受最好的狀況和最壞的狀況。他們對於人生沒有太大的希望，也沒有大的理想，沒有瘋狂的計畫，過著超脫的生活。他們沒有覺得不幸，但也沒有真正感覺到幸福。他們經常接受一種簡單哲學，而這種哲學使他們享受自己擁有的東西，不為自己可能擁有的東西擔憂。這不是怯懦，而是一種勇氣，甚至是明智之舉。當然，我們可以認為，失望的確讓人厭煩，但這種失望被抑制。這是一種有意識的選擇。為了不會過度地感到痛苦，平凡的人生或許是一項可接受的選擇。

## ★風險：抑鬱期

在人生的某些時期經常是資優者變得很脆弱的時期，而一些成功適應的資優者，就是那些最終成功地在人生框架中生活，並對此感到滿意的資優者，也會被自己大腦運作方式所「牽絆」。

當面臨這些困難的時期，他們需要做出選擇，也充滿了壓力，經受各種考驗，有兩種相互對立的力量會出現：適應性力量和敏感力量，後者是資優者特有的。

適應性力量對於資優者而言更加具體，更加使人安心，也更加習慣。這種力量將會鬥爭，從而保證擁有控制權。但在人生困難時期，在人生的裂縫裡，所有的脆弱會重新出現。而資優者對自己的信心，對自身能力的信心也會有所動搖，被打擊。他會突然產生一種無能為力的憂慮感，感覺自己再也無法成功，也認為自己無能。真正抑鬱的所有因素好像一起湧現出來。

實際上，以上涉及的是字面意義上的「抑鬱」，即為一種「凹陷」時期，之前的定位都消失了：這是倒退的時期，控制機制讓步，沉著冷靜崩塌下來，人格結構也因此動搖，並強迫成年資優者在自我表象、身分、適應社會方式、情感方式來進行深度調整。我們需要明白，這裡涉及的是實力的比拼：資優者的內心世界，長期以來被壓抑，幾乎被忘卻，突然以讓人出乎意料的力量重新出現，嚴重擾亂了生活。

對於資優者以及其周圍的人而言，生活也因此變得艱難。這種混亂必須重新定位，賦予其意義，重新找到人生的平衡。

永遠不能忘記的是，我們可以調整人格的結構，但想要抹去人格的組織方式則是相當困難，甚至是不可能的。有句民間諺語說得好：「江山易改，本性難移。」

## 挑戰者或主動狀態占主導地位

這是另外一種人格，另外一種策略。

挑戰者們會充分利用生活，他們所有的能量都為了一個目標：成功、自我超越、前進、推動世界前進。他們的理想高遠且堅定，熱情高漲，所有的資源都被調動起來完成這個目標，而在即將接近該目標時，資優者又會再提高目標。這些人好像不知疲倦，任何事都無法使他們退縮，任何困難都不能使他們氣餒。困難會讓他們更加堅定信念，增強其動機。這些挑戰者能夠輕易地將自己的人格資源，轉化成輝煌的成功和才能。他們能成功地將自己的弱點轉化成力量，將自己的脆弱轉化成人生的能量。

然而，需要注意這種大腦運作方式可能引發抑鬱的一面。在這光彩奪目的成功背後，在這耀眼的生活背後，在這燦爛的幸福背後，經常隱藏著潛在的焦慮，過度的主動狀態試圖掩蓋這種焦慮。我們需要知道這種情況，以防被突如其來且意料之外的不良後果弄得措手不及。這種「定格」可能讓人非常痛苦，尤其是對於遭受這種定格卻不明白其猛烈程度和內在推動力的人。這讓資優者及其身邊的人，非常不安。

很多時候，我們知道，這些強大的人格會崩塌或者就是行不通。親朋好友也很迷惘，只能期待一件事，就是資優者能夠重新找回原來的能量，重新成為他們已經習慣依靠的嚮導或領導。

「如果你不振作，那讓我們怎麼辦？」這句話能反應出，那些認為成年資優者無堅不摧的人有多麼不知所措。最讓人感到意外的，是這位成年資優者重新振作的能力，他被自己的能量推動，這種能量看來能夠抵抗最嚴重的危險。被這種大腦運作方式所牽涉的人，你們要小心，切勿迷失了方向，要做真實的自己。

接受變化無常的時刻、懷疑的時刻、不安全的時刻，這些都是人生中富有的具有新的可能性的時刻。

接受自己身上最陰暗的一面並尊敬它，就是賦予自己最真實的價值。

## 反對框架者

可以將這些人稱為反抗者。這一稱謂包含討人喜歡的、有活力的因素，也包含負面的、帶有破壞性的因素。當我們再也不同意任何事情時；當我們拒絕一切事物時；當批評意義超越其他任何理解和分析事物的可能性時；當我們永遠處於生氣的狀態時；當我們認為一切事物都是無用的、無意義的、無法忍受的騙人把戲時；那麼我們就成了反抗者。此時，沮喪會占上風，怒氣將遮蓋人生的力量。「不滿」將成為持續的、給人帶來麻煩的情緒。我們將無法前進，而失望占了上風，非常嚴重地氣餒。

## 他們是真正的創造者嗎？

透過拒絕框架，我們可以發現創造者、先驅、「革命者」，他們懂得如何轉化生命中的某些部分，並開闢新的道路。如果我們懂得不能只做不適合自己的生命形式的受害者，那麼反抗將具有真正的資源。為了具有創造性，有時候需要越出框架並遠離老路。反抗也因此成了真正的才能。

瓦倫婷知道要怎麼做：她三十歲，有一個孩子要撫養，她絲毫不願意「回到模子中」❸。如果選擇一種讓她很快厭倦的職業，而且這種職業會耗費她的一些能量，她就無法將能量使用在自己喜歡的事上，這是瓦倫婷無法接受的。因此，她在一家大商場找了一份工作，記錄貨架上產品的條碼。她穿梭於商場中，並認真負責地用條碼掃描器掃描產品……但她同時戴著耳機收聽哲學課！

她喜歡的是哲學，哲學幫助她更好地生活，幫助她思考，讓她構建不同的人生夢想。就這樣，工作和愛好完美地結合在一起！同時，她在尋求一條真正適合自己的路……（她正在考慮學習心理學）。

## 你願意還是不願意……

然而，不是所有事都總是形成強烈對比的，在兩種極端之間，我們發現了軟性的反抗者，他們不同意框架，在框架外安排自己的生活，但離框架又沒有特別遠。他們不願意什麼都接受，但他們意識到，自己可以從現存系統中得到一些好處，也會藉口為自己的人生找到合適的方向而決定拒絕框架，卻又感覺自己就在人生的附近，因此感到相當生氣，氣他們自己，氣框架裡的人，因為自己想在框架裡的願望而生氣，因為自己有想在框架裡的願望而生氣！你們還能跟上我的思維嗎？

於是，他們在框架內外來回徘徊，不斷去適應，不願意否認自己的身分。他們覺得這一身分非常重要，但是他們也承認（哪怕很少）自己能夠從有組織的成體系的系統中得到一些好處。他們試圖找到自己的定位，但不知道位置在哪裡，也不知道如何找到。儘管自己不願意，他們也希望得到別人的承認，但卻是以一種混亂的方式。得到誰的承認？為什麼？好像他們自己因為這種需要他人目光的做法而害羞，因為需要別人的愛和關照而害羞……這很複雜……缺失的感覺一直占著主導地位。

文森來自醫生家庭。他的人生原本已經被安排好，要成為一名優秀的醫生，但他無法接受。像自己的家人一樣過上安逸富足的生活？不，謝謝，他不想這樣。他選擇了雕塑工作。也許是命運的安排，他選擇了巨大的木刻雕塑，按照實際比例雕刻一些飽受痛苦的人形（需要治療的患者？）。為了生活，他在網路上（我們這個有組織的社會的直接產物）銷售自己的產品，而銷售網也是靠他的家庭才構建起來的。在心理諮詢時，他承認，在他內心深處，最珍貴的夢想是他的家庭能夠認可他的才能，並為他感到驕傲。從反抗者到「智者」，兩者之間的界限有時非常狹窄……

## 在沒有框架的情況下發展轉變的人

這些人模糊地知道框架的存在，但並不知道如何對待這個框架，更不知道這個框架到底是什麼。那麼，在框架內裡還是外邊又有什麼重要呢？模糊占據了他們的人生，他們也很難找到定位。

他們生活，但是沒有固定的生活。我們可以將他們稱作「流浪的成年人」。他們不知道自己的位置，感覺和任何事物都無法和諧相處，不斷探尋，也不斷在找尋著自我。但是，他們卻不知道探尋的原因。連續不斷的疑問找不到答案，他們的思維和人生永遠都無法停歇。他們雖然也在前進，卻沒有目標，沒有方向，沒有計劃。他們與社會隔離，在他們身上能夠發現無法適應社會的真正形式，這種情況有時非常嚴重。

如果我們無法找到自己的標記，在任何地方感覺都會一直不好。如果我們無法融入環境的框架，如果我們沒有固定一個內心框架，我們將變得乖戾、厚顏無恥、看破一切。

### 看破一切？

這些成年人處於一種自我毀滅的狀態中，也是心理最為脆弱的人。他們應該是最痛苦的人。

奧利維耶對這個世界有一種諷刺挖苦的看法。他為了賺幾塊錢，總是不斷在換工作。他說，不管怎樣他都無所謂。任何事都沒有意義，也不值得他花力氣。結婚？這是騙人的把戲，愛情總是曇花一現。學習？為什麼要學習呢？為了找一份工作？這簡直就是欺騙。這些人都太愚蠢了。任何事都不能讓他真正地感到開心，好像都無法真正觸動他。他也不來接受心理諮詢。心理師？太可笑了！

我在生活中遇到奧利維耶，幾次討論後（其實讓他說超過一句話就很了不起了），我瞭解到，在青少年階段，當他遭遇慘痛而又出乎意料的學習挫敗時，他就有過一次心理檢查。在那之前，奧利維耶一直都是沒有任何問題的優秀學生……

## 為了自我定位並認識自己而創建的類型學分類

嘗試這樣的類型學分類只有一個目的，就是設置一些定位點。大腦以何種方式運行都不是致命的事。這種分類只是我臨床觀察的成果，唯一好處就是鏡子效應，能夠讓大家意識到自己的存在方式。這可能是意識的開始，也可能讓大家能夠圍繞自己定位一些人格，這些人格需要外界的目光，使得每個人自己能夠意識到這些人格。

我仍然要強調，沒有任何事情是固定的，即使我們目前發現自己的大腦運作方式在人生的任何階段都可能改變，並勾勒出另外一條道路。

## 偶然的成就感

成功是這個社會的核心，導致了很難逃脫的持續壓力。但到底什麼是成功？成功真的是社會對我們的要求嗎？真的是他人所體現的嗎？成功真的會讓我們感到幸福嗎？有時候當然會感覺幸福，但並不總是如此。

人們其實經常把所有人通常都接受的「成功」，和既定規則之外的「成就感」混淆一起。成就感是內心的、個人的，感覺到自己擁有成功的人生與環境無關。也就是說，我們可以痛苦地感覺到自己的人生失敗了，但他人卻對我們得到社會承認的成功讚嘆不已；也可能是我們感覺到自己的人生成功了，而周遭的人對我們的選擇投以同情的目光。

成功在於自己對自己的看法，以及他人是否承認；成功讓我們感覺到找準了自己的位置，在這裡，我們感覺良好。

成就感源自一連串微妙的複雜過程，但成功的祕訣卻因人而異。

資優者為各種各樣的疑問所累，為永恆的懷疑所苦，為不斷的質疑所折磨。那麼，對資優者而言，如何期待自己能夠成功呢？資優者是否能夠只期待成功？對於資優者而言，這只能是一種起伏變化的不穩定的感覺。

## 資優者可能成功嗎？

這個問題對於資優者來說至關重要，但他認為成功是不可能的，他不能像自己所期望的那樣成功，而這也不是他期望的成功。

資優者從未達到他對於人生、對於自己的理想的高度。對他而言，成功意味著讓人類進步，讓世界進步。資優者心中的成功絕非傳統意義上的個人成功，雖然個人成功也是成功的一部分，但資優者對於成功的概念是非常超驗（transcendent）的。他是非常希望獲得成功。然而，我們要是能夠非常敏銳地感受到他人的侷限，難道不會先感受到自己的侷限嗎？所以，資優者很少感到滿意。

資優者有時候讓人看到的成功形象，從未與自己的世界觀同步。對世人而言，這個人成功了，而對他自己而言，前途漫漫。他是否有一天終究會成功？有一件事讓他內心感到害怕：不成功。面對自己想要承擔的艱鉅任務，資優者感到自己是如此渺小，如此無能為力。

朱利安跟我說：「您肯定會嘲笑我，因為我的計畫是幫助人類，讓大家生活得更好。」

還有喃喃自語的米歇爾，意識到自己的願望有點狂妄自大，因為他期望的是自己能夠成為像耶穌或佛陀那樣的人，能夠向世界傳遞某個資訊，讓人類進步。

我們清楚地觀察到實際情況和遠大夢想之間的鴻溝，但這條鴻溝總是讓資優者非常痛苦。即使他對此一語不發；即使他好像過著充滿簡單幸福和成功的傳統生活。別被表象騙了，在他內心深處，繼續喃喃自語著那瘋狂的計畫。

## 在這世上如何幸福？

世界上的大事也讓成年資優者煩惱不已，就像一個被世界上的不幸和生活中的不公平現象嚇壞的孩子。而大部分人最終將大大小小的不幸融入世界觀中，並與周圍的事物和諧共處。儘管媒體即時並再三地向我們報導遠處或近處所發生的災難或不幸，但我們首先關注的，還是自身的命運，好像自己是個麻木的人。

在成年資優者的內心存在著永恆的「左右為難」：如何在這樣一個充滿不公正的世界上感到幸福？如何在他人飽受痛苦的同時，卻自私地感覺良好？自己是否有權只關注自己的人生，而不關心世界的命運？我並沒有誇大其詞，很少有成年資優者談及這些感受。因為，有誰會相信他們呢？有誰會分擔這種同情感和無能為力的罪惡感呢？

這種時候，我們會立刻讓資優者知道，對此我們是無能為力的，我們不能拯救這個世界，如此擔憂是無濟於事。總之，這種態度是可笑的、是幼稚的！但當你們和資優者談論此事，他將會向你們證明一點：無論何時，他都感覺自己與這一切都有關連。

## 兒童的一面

成年資優者具有讓人驚訝，但隱藏著的共同特點：非常明顯的兒童面。他們會因為外界一點點小事而激動。這種特點隱藏在「大人」的外表下，但非常活躍。

兒童的一面是兒童時代的遺存：夢想、創造力、認為一切皆有可能的堅定信念。尤其是，他們會為事物感到驚嘆，會被喜悅淹沒，由於一件小事，非常小的事情。但他們也會因為很小的不公正，或非常小的痛苦而感到沮喪，像是：受傷的動物、無法起身的老人、對非常相信自己能夠站立卻摔倒的嬰孩……

對於成年人而言，形容某個人具有兒童的一面，有時是非常殘酷尖刻的。他們對事物有著堅定的信念，且必須只接受社會公認的行為。這種對於兒童一面的批評，可能隱含著一種遺憾，而成年人不再敢感受到或表達出這一面。

## 幼稚，輕信他人的表現

這是成年資優者最大的特點之一：他會一直相信，就像一個孩子。他相信奇跡，相信魔法，相信人生，相信邂逅，相信可能。他的幼稚讓他隨時準備相信一切，並且很快被這一切淹沒。即使淚水迅速湧出，但他會克制自己，表現得像一名嚴肅認真的、審慎的「大人」。然而，在他內心還是隱藏著孩童的影子。

## 熱情，巨大的能量

我丈夫昨天還在跟我說，跟你在一起真是不可思議。即使對於那些你已經知道的事物，你還是會驚嘆不已。

與大家所想的相反，這是讓人難以置信的王牌，這是難得的品質，非常少見。這種大家能夠感受到的熱情，是一種特殊的能量，它能夠徹底改變人生，需要小心謹慎地對待！

## 兒童部分最陰暗的一面：抱怨和無所不能的感覺交替出現

成年資優者經常會像孩子一樣抱怨！他會抱怨一切，一直抱怨。永遠都不是自己的錯，總是別人的錯。他認真地這麼覺得。就像一個孩子會認為，自己之所以成績很差，是因為老師很壞；如果父母批評自己，那是不公平的事。

資優者會說：「我可什麼都沒做！」這就是所謂的「外部主義者」，也就是說，這個人認為問題的原因都來自於外部，責任不在自己。於是，外部的所有人都潛在地負有責任：老闆、配偶、社會、經濟、政府、其他人、心理師……所有人，除了自己！

承擔責任意味著深深的質疑，而這種行為對於好不容易才建立信心、但仍脆弱的資優者而言，非常困難。資優者不斷重複說：「我很想承擔責任，但是我不能。」

然而，當資優者危險地接近這一斷裂點（在這裡資優者會感覺到，自己的一切都在搖晃）；

當資優者心中自己的形象（即使是脆弱的）有可能完全消失時，我們會觀察到他突然的變化：刻板的控制。倏忽，成年資優者會重新控制，幻想自己是全能者，甚至是無所不知的。這裡顯露的是資優者兒童的一面：像小孩子一樣認為自己全知全能，擁有淩駕一切的權利。

在這種情況下的成年資優者也具有兒童的信念：如果我願意，我就能得到。如果我決定了，任何事都無法讓我退卻。我一定會成功。

從抱怨到無所不能，是資優者困難的自我構建過程造成的。自我形象的脆弱性折磨著資優者，也讓資優者在兒童的極端中搖擺不定。因為資優者難以構建真實自我的穩定表象，所以躊躇著，被無法應付的機制牽絆。他產生的懷疑是由自己的智力和敏銳性造成，讓前方的路變得模糊：他到底是誰？他對於自己的認識，是否足以穩固到讓自己信任依靠？這是資優者最大的兩難境地。

## 和世界一樣老的資優者

這是讓人出乎意料的另外一面。資優者兒童的一面與另一種感知並存：感覺自己多齡。

這是什麼意思？非常簡單，就是：根據不同情況、不同情境以及我們相處的人，感覺到自己可能同時擁有不同的成熟度，或依次擁有不同的成熟性。

## 讓我們忘記「未成熟」，談談「超級成熟」

我們在談論資優者，尤其是資優兒童時經常遇到一個概念，即情感未成熟。這是一個錯誤的概念，因為人們總是混淆未成熟和情感依賴，但這兩者一點關係也沒有。

是的，資優者的情感非常豐富，他們本身就是一個情感的存在，情感干涉總是出現在資優者身上，其中包括認知行為。資優者先是用情緒思考，然後才用大腦思考，這就是他們被認為是未成熟的原因，情感占優勢好像只是小孩的特權！

然而，資優者是變色龍，他會不斷改變自己：調整自身行為、思維、行動，來適應環境的各種約束條件。在一定程度上，資優者運用自己的智力和敏感性來決定自己適應社會的方式。

舉個例子，如果大家期望你像個「嬰兒」一樣處事，因為你知道這種做法能夠獲得一些東西，你應該是資優者。如果你的推理水準（很高）能夠讓你說服你的談話者，你應該是資優者。如果你可以根據你的地位或職位調整自己的形象，你應該是資優者。如果大家從你身上得到，只有能細緻理解事物的人才可以給出的建議和智慧，你應該是資優者。如果你必須仔細分析某個困難的情境，並得出別人沒有預想到的結果，你應該是資優者。

注意，我並不是說資優者就是無所不能的！當然不是這樣。我是說資優者的大腦運作方式，無論是智力方面還是情感方面，都讓他具有非常典型的超級成熟性（hypermature）。超級成熟性需要被理解為，用典型的敏銳性分析某一情境的所有因素，並與之適應（或者與該情境抗爭）的、獨一無二的能力。

十五歲的格雷瓜爾，目前要上高二。他感覺自己與別人之間存在著距離。他還沒有到青春期，他比同學矮，看起來就像個小男孩。對於那些覺得他非常可愛的女孩，他無法與她們相處，而這些女孩也無法和他「出去約會」，因為他還不是真正的男人。

當他在課堂上好像跟不上時，老師們會讓他覺得他還年幼。校長約見了他的爸媽，因為校長認為，讓他再讀一次高二能夠使他更加成熟。他問格雷瓜爾如何看待此事，他是否同意因為自己的年齡導致了與其他同學之間的差距。格雷瓜爾勉強承認了。

然而，在我的辦公室，他爆發了：「這快讓我發瘋了！我必須讓他們相信我同意了，讓他們相信我就是沒有其他同學成熟。因為他們就是這麼看我，因為我的青春期遲到！我怎麼向他們解釋真實情況恰恰相反？這無法解釋。我感覺自己損耗了自己的成熟，好像我強壓住怒火。在我腦中，我已經二十歲了，甚至更大。我無法忍受要等到所謂合適的年齡才能像我所想的那樣行動、發表自己的看法，像我自己期望的那樣生活。我受不了了。當我和二十歲表哥的同學們在一起，感覺太棒了。我的表哥向他們介紹我時，好像我是超級成熟的人。雖然我年紀不大，但這種感覺蠻好的。他們接受我，我也很高興，感覺很好。可是在我的日常生活中，我瀕於崩潰，總是覺得自己快要爆炸了！」

## 無法向外界展示內心世界

怎麼做才能幫助格雷瓜爾呢？他的問題在於，雖然身體發育的程度只是青少年，卻已經具有年輕成年人的成熟，對此他也無能為力。別人也只是看到了他的外表，而他自己則希望做真正的自己，依據自己的內心世界說話或動作。可是這麼做的話，他就有可能被別人排斥，因為他看起來很奇怪。而對於格雷瓜爾來說，最重要的是擁有朋友。因此，就像他自己說的，他「損耗了」自己內心的成熟，這讓他筋疲力盡。無論是生理方面還是心理方面，他都感覺很差。生理方面，他經常肚子疼；在心理上，他總是感到沮喪，但他仍咬牙堅持，用盡全力，不惜一切代價。因為他希望度過這艱難的幾年，因為他看得很遠，他的超級成熟賦予了他寬闊的視野！

「安托萬看起來擁有和狗一樣的年齡。當他七歲時，他感覺自己精力衰竭，就像一個四十九歲的男人；十一歲的時候，他對世事感到失望，就像一個七十七歲的老頭；現在他二十五歲，期望能過上愉快安逸的生活，於是他決定用『愚蠢』這張裹屍布將自己的大腦蓋上。他經常感覺到，智力這個詞就是愚蠢的替代詞，只不過以好聽一點的方式說出來而已。他總覺得聰明是非常墮落的，以致於人們寧可笨，也不要聰明。當智力的偽裝呈現出如光面紙般的不朽，以及外人所看到的資優者並對其讚嘆時，智力是讓人感到不幸、孤獨、可憐的。」[2]

## 時空斷層③：生活在若干時空中

這就更複雜了。資優者感覺自己多齡，但同時也處於多個時空裡：過去—現在—未來。個人經歷的時間，但也在宇宙的時空中重新定位。如果考慮到以前、以後與他處，在當下做決定就變得非常困難。因為對自己的看法在時空層面會被相對化，對自身的看法也就變得非常不同。這也符合資優者無法脫離背景這個事實。資優者的存在，存在的理由和生活的理由都取決於「他的人生」。他自己的人生與世界的意義有關，即使該意義離他而去，他也不能認為自己與外界相離。他的整個個體生命沒有意義，需要永遠和宇宙聯繫在一起。

對於資優者而言，只有這種宇宙視角和無時間性才具有意義，也才使得每個人的日常生活具有意義。很明顯地，對於事物、對於自己的人生、對於自己的這種看法，將導致一些不可能有答案的疑問，而這些疑問會不可避免地導致莫名的憂慮旋渦。真實的自己和所作所為之間幾乎無法和諧，存在著一種距離，就算這種距離微不足道，也會導致不適，並將超越自我，或者無可奈何地接受，成了沮喪的源泉。

為了擺脫這種狀況，某些資優者採取與此相反的態度和行為：高估自己的重要性，高估自己人生的重要性，他們嘗試朝使自己痛苦的問題挑戰。這些問題被抑制，資優者不再聽到這些問題，而是忙於讚揚自己和自身的存在。但我們不要被此欺騙了，這只是騙人的把戲。這種做法有時或許有用，因為它具有保護性，但情況通常是不堪一擊。這永遠不能讓資優者避免內心的震盪或外界的打擊，而是使資優者的本質從內心深處表現出來。

## 節奏：總是處於不協調狀態

節奏是一種運動，是步調，意味著有的運動比別的運動快，慢的運動在快節奏之後。處於節奏中，就是處於人生的運動中，和所有人的步調保持一致。

節奏是資優者的主要問題之一：資優者的節奏永遠都不對！他永遠無法與大家的運動同步。他處於永恆的不協調狀態：超前，或落後；退後，或停滯不前。

**超前狀態**：資優者的節奏總是快於他人，而且快很多，表現在感知、分析、理解、概括等方面。資優者能夠借助自己總是處於警戒狀態並能夠捕捉、處理、整合各種細節的官能，從宏觀角度把握某個問題或某個情境的所有資料資訊。資優者具備移情（empathy）能力，有時近乎受虐傾向，總是能夠間接感受他人的情緒……因此，資優者擁有具有預見性的視角：當別人才剛剛開始，他卻已經完成；問題還沒有結束時，他已經理解；當大家還在猶豫時，他卻已經知道該怎麼做。總之，他的速度太快了！在這些情況下，別人的節奏在他看來好像是放慢了速度。人生的節奏在資優者看來無精打采。

這種超前的狀態讓資優者困擾，因為他總是孤單一人，無人與他分享。這種超前的狀態使得資優者不得不等待他人，看別人做事，指出他們錯誤的做法，而他已經知道該怎麼做。但是說什麼，一直要告訴別人需要做什麼，究竟該怎麼說，怎麼做才能不被認為是傲慢的、驕傲的、自以為了不起的？怎麼做才能不讓大家對你說：「不管怎樣，你總是對的。」在這句話中，隱藏著很多挑釁、敵對、嫉妒、羨慕和不快。

在個人生活或職業生活的很多領域，都能發現資優者的超前狀態——超越他人、超越自己的時間、在自己的人生裡也處於超前狀態。腦中有些革命性的想法是好事，但要別人「接受」，就得去證明這些想法是可行的，可這卻更加困難。

當別人話還沒說完時，資優者就已經知道對方要說什麼，這對說話者而言是難以忍受的，會覺得內心受到了傷害。而在公司裡，比那些「應該知道一切」的人更快理解，並且更充分地理解，將導致嚴重的後果……這樣的例子不勝枚舉。這都屬於生活的「不協調」時刻，最終令人感到困難或尷尬。既然如此，為什麼要超前呢？

**停滯不前或退後**：在這種情況下，因對環境的超級敏感性使得資優者對於一些極小的細節進行觀察，並且加以闡明。但其他人已經繼續前進，討論也繼續進行，繼續生活，可是資優者卻駐足不動，被細節纏住。這種極小的細節，無人關注，甚至無人注意，卻對資優者而言非常重要，因為如果不考慮到問題或情境的小層面，就無法得出令人滿意的結果，錯過事物最重要的部分。所以資優者會停下腳步，檢查，思考，試圖融入這一部分真實的內容，也就造成了當其他人已經走遠，資優者卻仍留在原地這樣的狀況。

**落後**：另一種形式的不協調，而且是主要的一種。在這種情況下，對人生的超意識使得資優者處於不同的節奏。對他而言，有些人過度重視在他看來不那麼重要的價值觀，譬如：成功、金錢以及物質財富。有時，資優者會感覺到很多人一直在追逐，卻沒有真正的目標，沒有賦予生命意義。這些人走得太快，卻沒有思考一些最重要的問題：我走這麼快到底是要去哪裡？為什麼？我到底希望得到什麼？我的首要任務是什麼？這樣一種無節制的高速追逐真的能給我帶來幸福嗎？等等。於是，資優者任由他們追逐，自己卻慢慢前進，慢慢做好自己認為是「真的」的事情。他可能停下來欣賞風景、藝術作品，觀賞大自然的景色、街上的表演或別人的演出。他可能參與一場自己希望全身心投入的討論或經歷一次邂逅。他可能充滿離奇的想法，帶著點懷舊感傷或者滿心歡喜地回憶過去或展望未來的計畫。他把時間花在所有這些事上，這可能是他希望全身心投入的生活時間。但是，他已經脫離別人的節奏，只能看著人生如時光匆匆流逝，像站在高速路旁，而他只能透過一條更小的路去追趕人生。

資優者很少能夠處於正確的節奏中，而這種不協調可能會導致令人討厭的奇怪感以及無法理解這個世界的感覺。

節奏的不協調總是會導致與他人的溝通交流出現問題：大家互相不理解對方，大家無法同步。無法處於同一節奏，將引起資優者和這個世界之間的不和與誤解！

## 當節奏與我們的經歷無法同步：無法享受事物

這是時空斷層和節奏不協調的組合：資優者難以完全融入他所做的事、他所經歷的事。資優者的思維，使得他們將自己的現在重置於自己的回憶或廣義的過去中，或將自己投射到未來，便回憶起自己在當下時正經歷的事情。

例證：波拉在山中散步，欣賞著美麗的秋日風景，這是一次非常愉快的散步。然而，波拉會問自己，這樣的風景相對於上個世紀而言發生了哪些變化？她的祖先看到的是同樣的自然景觀嗎？為什麼有這樣的變化？但在幾個小時之後，當她跟朋友描述這次美妙的散步時，她會問自己，她怎麼能夠如此細緻地描述出自己所看到的和感受到的事物。而現在呢，她經歷了什麼？實際上，她對此一無所知，因為她並沒有完全與現實相連接。

# 讓女性面和男性面各歸其位

在我們的人格中，都存有女性的部分和男性的部分。女性的部分負責坦率、敏感、情感、依賴、脆弱；而男性的部分負責意志、表現、戰鬥、獨立和力量。我承認這種觀點可能過於簡單，但足以闡明我的理論。

根據我們的性別，人格的平衡會傾向於上述因素中不同的方面。這不表示相對的一面不存在，而是退居到次要地位，更加不易被察覺。與我們性別身分相符的一面會占上風，因此會被優先啟動並表達出來。這種狀態在兒童階段逐漸形成，而在青少年階段定型。

不過，在成年資優者身上，我們會非常明顯地發現這兩種人格傾向的共存。

在男性身上，女性的一面擁有重要的地位：敏感性、情感接受性、需要別人、對別人的關注、對於討論的興趣等非常明顯。男性會努力試圖壓制自己人格的這種傾向，因為這可能會招致嘲笑。對於自己能夠和女性相處融洽、能夠和她們輕易交流，男性資優者並不會感到正常。他非常懂得女性，但不是一種誘惑關係，而這種能力是其他男性難以想像的。

而女性資優者，她們身上強烈的獨立需求、挑戰感、天生的領導能力、智慧能力、操縱能力、統治能力，以及對於挑戰和戰鬥（心理的！）的喜好等男性的一面在她們身上展露無遺。

## 成年資優者需要面臨的挑戰

對於男性來說，需要在自己身上充分展示更加溫柔、不那麼銳利的、更加脆弱的敏感魅力。儘管這在男人世界裡很難被接受，但卻是兩性交往的王牌，也是他和世界的關係中真正的財富，在此必須更加看重審美能力、環境的敏感接受性。

可對於女性而言，困難點正好相反：她可以發揮她男性的一面，利用這點從而構建自己的人生，成功完成自己的計劃，但她也可以展示出敏感性、易感性、脆弱性、需要被接受，讓男性有可能接近自己。這樣會減少男性心中的畏懼，讓男性重新感覺他們可以保護她。

日常生活中，女性的一面向世界敞開，儘管這一面會表現出更大的脆弱性，但它仍然是靈感、創造力和快樂的源泉。

1：譯者註：法語原文為 rentrer dans le moule，意思是「和別人一樣」，「過一種死板的、受框架約束的生活」。

2：作者註：《我是如何變笨的》（*Comment je suis devenu stupide*），馬丁．佩吉（Martin Page）著，二〇〇〇年，Le Dilettante 出版社。

3：作者註：借用 Cogito'Z 中心的一位心理師馬琳．安布羅西奧尼（Marine Ambrosioni）的用語。

# *Chapter 6*

# 成年資優者的困難

成年資優者的困難主要涉及兩方面：主要的一方面在於遲鈍緩慢的自我構建和人格構建，決定著自己與世界、與他人關係的自我形象的構建；另一方面則在於資優者大腦運作方式的特殊性，於成年階段會更加突出，更加獨特。這些獨特性在兒童時代就已經存在，會變成可能使人生平衡更加複雜的存在方式。我們知道，曾經是資優兒童的經歷與長大後的成人之間錯綜複雜的狀態是密切相關的。

我們可以在以下內容中，發現在其他形式的人格中也存在的大腦運作方式。但是資優者的特殊之處在於，這些自我表現方式的強烈程度，以及與此有關的痛苦。這些人格特點的出現頻率，使得我們可以辨識這個由成年資優者組成的與眾不同的群體。既非完全相同，也非完全不同……

## 驚人的敏銳性

敏銳性是與太陽最相近的創傷。

——勒內・夏爾（René Char）❶

擁有這種把周圍一切都淹沒的敏銳性時，要如何生活？這種敏銳性探測每一個隱密角落，發現最小的細節，看透他人內心最深處。資優者的敏銳性因為源自以下兩個方面，因此更加強大：善於剖析、分析事物的高智力；能夠吸收外界情緒最小因數的情緒超強易感性。

這強烈的敏銳性讓人無法休息，資優者無法切斷體內這道無時無刻不在運行的雷射。資優者更難感到安全感，更難相信別人，更難任由自己受生活的擺佈。敏銳性導致一種真正的障礙，在心理學教科書中無法得到鑑定，但類似於眩暈，有時候近似於失去意識，總是痛苦的。

對世界強烈的感知性，讓所有成年資優者都倍感痛苦，敏銳性越來越強大，永遠不能讓我們「不看到」。就像小時候看蟻穴裡的螞蟻，蟻穴的內壁越來越厚。當我們不再注意到外界的機能不全，當我們不再需要思考某個無關緊要的問題時，當我們不再被某個憑經驗覺得可以忽略的情緒觸動時，生活將會變得更加容易！

強大的敏銳性會使生活的平衡變得脆弱，而不停地詢問生命的意義，也會導致永續的質疑，因為沒有任何東西可以被無條件地接受。資優者在認為某個情境、某種能力、某個學問、某個知識是有效的並可以被接受之前，會首先透過自己的分析仔細對這些因素進行審查。

我們在心理診斷中也能發現這個過程：需要很多時間，才能讓這位膽怯的、與他人不同的患者從他的指揮塔下來，並讓別人領導且陪伴自己。

首先，他會觀察心理師，考查心理師的大腦運作方式和態度，評定他理解的能力以及其他能力。起初是資優者測試心理師，然後根據自己的結果，來決定是否信任這位心理師。有時他會拿心理師開玩笑，操縱他，「為了觀看」，就像打撲克牌那樣！也總是心理師輸掉比賽，於是患者便停止治療。然而，真正的失敗者其實是資優者。如果資優者能預見到這位心理師的所有治療手段，那麼繼續接受諮詢又有什麼意義呢？

如果資優者相信治療師，就要小心了！資優者會認真觀察，確認心理師是否能夠禁得住考驗，是否會在半路放棄，是否會落入陷阱，回到原點。需要明白的是，資優者這麼做並不是想要將心理師置於窘境，而是因為他需要這一切才能感覺自己被理解，得到保護，從而同意將自己託付給能夠幫助自己的人。

大衛今年二十五歲，已經來找我進行過好幾次的心理諮詢。他找不到一條適合自己的生活道路，有點不知所措。當他每次考慮一個新的計畫時，自己具有超凡預見性的分析會讓他感知到這個計畫的缺點和侷限。於是，他尋求別的東西。

一天，在心理諮詢時，他對我說：「既然您不是資優者，那麼您如何理解我呢？您有自己的侷限性。您或許可以理解理論，但這跟我經歷的卻不同。」但我仍是需要聽他說！讓他接受治療。否則一切都完了，而且完蛋的是患者。

## 對於世界的敏銳性導致對自己的敏銳性

如果我們能以這種超強敏銳性不斷發現並剖析這個世界；能以這種敏銳性感知到他人的脆弱性和侷限，那要怎麼不能先感知到自身的缺點？時時刻刻監視著資優者的因素，就是懷疑自己，懷疑自己真正的樣子，懷疑自己的潛力，懷疑自己的能力，懷疑自己的優點。當一個人是資優者時，他永遠不會感覺到自己高人一等。相反地，那些不是資優者的人卻認為自己高人一等，為這種想法所擾！

然而，事實是某些資優者「誇大自我」。他們的人格看起來自負，有時候帶有一種輕蔑。他們給人的印象是自視過高，高人一等。但我們不要被這給騙了！就像拉封丹（Jean de La Fontaine）❷寓言中，想變得和牛一樣大的青蛙那般，看起來自負的資優者其實最為脆弱。他們的自負，只是在掩蓋自己的無能為力和脆弱。資優者害怕自己被排斥。之所以採用這種行為方式，是因為他們一切都不順利，因為他們非常痛苦。

對世界和自我的敏銳性打開了理解的大門可能是痛苦的，但也可以讓我們能夠以前瞻性的目光看待事物。

## 害怕

害怕可能會讓我們忽視了資優者大腦運作方式的大部分特點。資優者害怕所有事物，而害怕源自於危機感，但危險卻並不總是可以辨識的。於是，害怕變得無所不在，彌漫各處且持久，滲透並毒害了資優者人生中的很多重要時刻。

## 為什麼資優者如此害怕？

害怕是所有人都會有的感覺，這種情緒可能對於應對某些情境是必要的。害怕能夠調動各種資源、能量和力量，十分有用。但在其他情境中，卻可能導致真正的焦慮，甚至會讓我們陷入癱瘓狀態。我們通常知道自己害怕什麼，可以透過自身的行動或思想試著對抗危險。害怕的輪廓是可辨認的。

而資優者的害怕卻完全是另一種形式：資優者最害怕的是自己。他害怕自己的思維將他帶到可怕的深淵，害怕自己的情緒以無法控制的方式侵占自己，害怕那些自己感覺既不同又相似的他人，害怕自己無法控制的人生。他尤其害怕面對自己，害怕自己無法喜歡真實的自己，讓自己失望。或者，害怕意識到自己錯了，害怕意識到他所成為的人不適合自己，害怕意識到自己的選擇不是對的。

實際上，資優者非常害怕這種內心的交鋒。

## 資優者的害怕可能以別的形式呈現

對於資優者而言，要麼完美、不可指責、完全獲得成功，要麼就沒有必要。

注意不要與強迫性性格，甚至是強迫症病理相互混淆。資優者的正常和傳統病理學之間往往只有細微的區別。

### 完美主義

對絕對的渴望，對「完美」的渴望，可能產生事與願違的結果——無法開始。停滯不前窺伺著資優者，因為資優者尋求不可能實現的完美狀態，但或許會半途而廢，並表現出可怕的消極狀態。儘管資優者具有強大的智力能力和豐富的人格，但仍停滯不前。我們越鼓勵他前進，就越向他傳達一種他無法成功的訊息，也就越讓他停滯不前。不去開始其實也是為了避免各種失敗的風險，可以讓人留有一種幻想：「如果我當初做了，早就出色地成功了」。這是陷阱，也是圈套。

「因為他們無法實現自我、獲得發展，焦慮吸收了他們的大部分能量，儘管他們具備很大潛力。」❸

## 無法依賴任何人

當我們具備這種強大的大腦運作方式時，很難不迅速發現他人的脆弱和侷限，甚至是無能。但我們還是希望相信他人，找到一位欽佩的人，可以教導我們的人，一位我們可以深深器重、真正尊敬的人。甚至可以說，希望找到一位能夠用他的人格和能力控制我們的人，但這太少見了，太非比尋常了。那麼經常會發生什麼呢？

資優者難以接受來自外界的規則，因為這些規則總是有爭議的，可以被質疑的。他們常會說：「我們從來無法真正相信任何人」。

資優者的能力、強大的分析洞察力，以及能夠迅速地領悟剛開始並不熟悉的主題有關的大量知識的能力，使得資優者能夠更加充分理解，並比老師教他的做得更好更快。

當資優者太難了，因為自己又一次處於超前狀態，而且是孤單一人，這讓資優者不知所措。而這對於那些所謂「應該知道」的人而言，是難以忍受的，甚至是不可接受的。階級和權力關係通常會導致衝突和關係破裂。缺乏掌權人士的信任，還有資優者迅速超過教導者的快速學習能力，讓成年資優者在自己的職業活動中處於孤獨狀態，使得他成為自己的「領導者」，並且只能依靠自己。

## 思維強度

對於資優者而言，思考就是生活。他沒有別的選擇。他無法停止這種強有力的、連續不斷的思維，時刻不停地探索、分析、整合、聯合、預測、想像……從沒有一刻休息過。於是，他運用自己時刻處於戒備狀態的一切官能思考所有事物，一直思考，且激烈地思考。

泛泛之談和簡化是資優者不可能完成的任務。資優者的任務是精確和剖析，直至無限。

> 我所看到的、感受到的、聽到的一切湧入我的思想中，使其興奮，並讓其高速運轉。試圖理解是一種社會自殺行為，換言之，就是不想再品嘗生活的滋味……我們通常將我們試圖理解的東西毀滅，就像實習醫生，沒有解剖就沒有真正的知識……如果過於有意識，思考太多，就會無法生活。[4]

這也是危險所在之處：越去想一件事，就越容易做出荒唐事。因為不斷將各種想法串聯起來，可能得到可笑且無意義的結果。如果我們慢慢陷入自己的思維，會逐漸去除所有賦予其意義的因素——在途中失去組成其本質的因素。那麼如何相信，如何認為這種思維、這種想法是有效的，有意義的？資優者不能繼續認真考慮，因它現在是荒誕可笑且不值一提的。此外，鑑於資優者是唯一以這種方式思考的人，覺得自己是瘋子，向他人隱藏了想法上的曲折。如果所有人都是以另一種方式思考，而且要是沒有人想過這一點，怎麼不會認為自己是瘋子？這是恐怖無比的事。

## 瀕臨深淵的思維

思維的強度可能導致無限，資優者感覺被吸入無盡頭、無界限的運動中。這種感覺會導致一種真正的不安，因為資優者不知道可以依靠什麼，失去方向，任何事都無法讓他們停下，沒有任何東西來保護他們。在這種情況下，生活好像慢慢變成了微小的點，飛快地遠離他們而去，隨時可能突然感到焦慮。

二十二歲的拉斐爾說：「當我開始過度思考時，我覺得自己可能昏迷了。」這種感覺讓他非常害怕，以致於他尋找各種方法以期能夠有一分鐘不去思考。

## 將討論推向無窮

也是在這種背景下，資優者有時候會將討論推向無窮無盡，一刻不停，目的是試圖確定事物的確切意義，沒有模棱兩可，沒有含糊不清，為了得到確切的答案，或至少達到最接近真實的狀態。當人們與資優者討論時，會感覺自己被捲入無窮盡的討論中，好像沒有任何論據能夠讓人滿意。這對於資優者而言是疲憊不堪的，有時候還是不能理解的。怎麼能夠質疑一切呢？一直質疑？對於那些務實的解釋或通常都能被接受的論據，為什麼仍不滿意？資優者不接受這些解釋或論據，永遠不。

在「階級」情境中，父母和孩子，老闆和下屬等，衝突可能變得不可避免、錯綜複雜。只要資優者不確定是否能夠達到目的，他就不會放棄。在職場上，可能出現衝突。合作雙方都認為自己被對方的「惡意」所折磨，於是導致深深地互相不理解，資優者也產生深深的憂傷，躲進自己的思維中，無法理解究竟發生了什麼事。

## 不斷對環境及其危險進行分析

我在電影院，但我對電影不感興趣，便觀察周邊情況，想像一切可能發生的事態，嚴重的或不那麼嚴重的：從放映廳發生火災到我自己可能出現的不適感。我設想所有可能發生的場景——能夠幫助我的緊急出口在哪兒？如果天花板坍塌，如何脫身？在發生爆炸的情況下，椅子由什麼材料製成？首先得通知誰？等等。一段時間後，好像是註定一般，我最終出現恐慌，感覺喘不過氣，感覺自己五分鐘後就要死掉。我渾身發抖，就像瘋子一樣緊緊抓住身旁的人。我要求他趕緊出去。我太害怕了。

過分極端？異於常人？並非完全如此。從兒時開始，資優者就對環境中的所有因素進行不斷的、細緻的、深入的觀察和分析，並使自己出現一種彌散性的焦慮。最小的細節也被他們研究。令人驚訝的是，資優者會看到對所有人都顯而易見的巨大事物（沒有人看到這些事物或沒有意識到這些事物的存在），也會觀察到一些只有他才發現的極小細節。

八歲的馬克沁要去做牙科X光。到了放射科診室後，他發現了表示存在放射性光線的提醒圖畫文字。於是，他提了很多關於風險、這些射線可能帶來的影響、對環境的影響以及X光底片的詳細情況等方面的問題：照射區域是否明確？射線是否會涉及身體其他部位？如果會涉及，那會是哪些部位？等等。

馬克沁非常害怕，醫生或媽媽的任何話語都無法令他安心。如果這不危險，那麼為什麼會有提示圖畫文字？對於每一個解釋，馬克沁又提出了新的問題。在無法給出新的論據之後，醫生和媽媽要求馬克沁坐好拍X光照片。他熱淚盈眶，但不再說任何話。無論如何，他知道確實存在風險，即使這種風險很小，而且可能未必會發生。他知道周圍的成年人沒有對風險進行衡量，沒有考慮過這種風險，這增加了馬克沁的不安。走出放射科室時，他渾身顫抖。在我的辦公室，他又向我問了一些關於潛在危險的問題……

## 如何緩和這種害怕？

這種害怕很難減輕，因為資優者分析一切可能導致危險的事物，真的是一切事物。而從事實來看，他是對的。譬如，即使你們生活在非地震區，我們不能確定一定沒有發生地震的危險。試圖讓資優者相信沒有發生地震的風險？你們永遠做不到。你們越堅持，他就越害怕：他會認為，難道只有他才知道，才能感覺到，才能預見？竟然沒有任何人意識到如此明顯的事：危險無處不在。因此，他害怕。所以，永遠不要說他所害怕的事不會發生。這是錯的！

而是應該要採取一種親切的態度，一切情緒都是可以接受的。下面兩種說話方式會產生不同的後果：「害怕是多麼可笑的事，你害怕是沒有任何道理的」；「我理解你為什麼害怕，這的確令人害怕，但是……」在後面這種情況下，我們接受資優者的情緒，並試圖給他帶來安慰，緩和他的害怕。可是，如果說：「害怕是沒有道理的」，卻會增強資優者的不適感。他之所以害怕，是因為他有自己的理由。即使這些理由看來如此荒謬或未必確鑿。

因為情緒是他人的感覺，總是可以接受的。當我們感覺自己因為自己的情緒而被尊重時，就願意傾聽並接受其他分析情境或思考問題的方式。這是更能讓人寬慰的方法之關鍵。

奧斯卡今年九歲，他的爸爸每天晚上都會替他蓋好被子。他們非常喜歡做的一件事，就是爸爸讀給兒子《紐約時報》（*The Newyork Times*）上的幾段文字。

「最棒的是，他總能在我們讀的文章中發現一些錯誤。有時是語法錯誤，有時是關於地理或與事實不符的知識性錯誤，有時他會發現這篇文章根本沒有講出原本應該要講的內容。我很高興有這樣一位比《紐約時報》還要聰明的爸爸。我喜歡把臉頰靠在他的胸膛上，隔著他的T恤感受到他的胸毛；我喜歡他身上的味道，每次都像剛刮完鬍子一樣。跟他在一起，我的大腦感覺很平靜，不需要去想任何事物。」❺

## 這種害怕會讓人不知所措

當某些資優者憑著其思想和敏感性感知到對自己或對他人的潛在危險時，他們會表現出極度恐慌。有時資優者會感覺自己是世界的「守護者」，因為他們是真正的指揮塔且永遠不擅離職守。當他們感覺到自己無法預測或防禦危險時，他們強大的情緒反應性就會將他們的害怕轉化成襲捲一切的風暴。

他們會因此感到不安、無能為力、控制不了局面，並感到真正的身體上的不適。如果感知到迫在眉睫的危險經歷總是重複出現，可能會導致懼曠症（agoraphobia）。一旦患上該病症，接觸世界就會引起恐慌與焦慮，使一切社會活動都無法進行。他們不再願意走出家門，並最終放棄學業、工作，甚至人生！陌生環境恐懼症不是資優者特有的病症，但資優者患上此症的比例卻很高。資優者對周圍事物一針見血的分析能力，導致他們能夠提前預測（這種預測通常是充滿憂慮的），致使資優者感到極端的害怕。

「在這段奇遇記即將結束時，我希望可以像《金甲部隊》（*Full Metal Jacket*）中的人物小丑一樣說：我身處一個狗屁的世界，但是我還活著，我不害怕。」[6]

## 為別人感到害怕

資優者總是焦慮、憂心忡忡，為所有人焦慮，首先是為了親近的人。在兒童時期，他就已經為父母擔心，而通常是父母為自己的孩子操心。但是，年幼的資優者伺機而動：他為自己的父母感到害怕，害怕所有事。從擔憂他們的夫妻關係到擔心金錢問題，從工作困難到健康問題……資優兒童總是憂愁不安地預測家中可能發生的事，並有意識或無意識地不斷尋求各種方法希望幫助父母，或讓他們避開種種煩惱，但最讓他傷心的是父母為他感到擔憂。他不想為自己所愛之人帶來煩惱憂慮，更不用說是自己的父母。

充滿憂慮的預測成了資優者日常生活的一部分。當資優者成年後，他繼續為所有人操心，繼續感到焦慮，因為他對世界的不幸無法視而不見。而成為父母之後，又開始擔憂自己的孩子。資優者意識到所有窺伺著的危險，有時甚至具有超意識，因此希望能夠控制一切。對資優者自己而言，這在心理上讓他們疲憊不堪，也讓他們的孩子感到窒息。

有位焦慮的家長對我說：「無論發生什麼事，我都能從中脫身。但他呢？」這不是對自己的孩子缺乏信心，是因為擔憂過度。而這種擔憂是由資優者對環境、對自己敏銳清晰的分析和過度的感受性所導致的，也給生活造成了很大困擾。

## 科學研究視角下資優者的害怕

以下是關於資優者身上經常出現的、對危險預測的最新研究結果，雖然有點像趣聞逸事，但很能說明問題：資優者群體中無神論者的比例好像比一般人高。為什麼？因為他們無法相信未必有的事。

「從內心講，我們是不可知論者，至少我是，但同時我們又不是。因為我們還是需要安心的感覺，尤其需要賦予事物意義。」這樣的例子不勝枚舉……

在一項針對一萬七千人的研究中（對被研究者進行了二十年的跟蹤調查）發現，資優者群體中素食者的比例非常高。一直以來，大家認為素食對身體健康的毒害更小。而擔心傳統飲食帶來的潛在風險，很可能是資優者選擇素食的動機。

資優者吸煙的比例比其他人小。整體而言，他們會本能地選擇能保護自己的行為。此外，資優者患心血管疾病的可能性小很多。真是則好消息。

資優者更容易把錢花在一些無價值的東西上。他們相信世界末日，認為人生空洞無意義，因此資優者不願意存錢。對他們而言，存錢有什麼意義呢？

驗證完畢！

## 罪惡感

三十六歲的瑪麗發現自己是資優者後，寫了封信給我：「那時候，我本想成為一名優秀的好學生，首先是想成為父母心中的『好女孩』，尤其是為了讓自己感到驕傲，可這些我卻從來都沒有做到。」

### 因為無法成功而產生罪惡感

因為自己不能成為某個樣子而感到羞愧，是難以覺察的，卻不易根除，具有破壞性。由於自己無法成為別人期待的樣子而羞愧；為辜負別人的期望而羞愧，為自己遇到的困難、為自己的「奇怪」感到羞愧。

儘管資優者不願意被羞愧圍繞著，仍為自己感到羞愧。羞愧源於未盡之言中、假的高傲態度中、假裝的同情中產生的罪惡感。對於資優者而言，即使周圍的人看起來好像接受了他真實的樣子，在他內心深處，他仍然認為自己讓別人失望，沒有達到應有的高度。實際上，是他給自己訂了最嚴格的要求，而並不總是也不完全是別人提出的。但對於資優者而言，與他認為的「他應該達到的標準」相比，一切都不夠好。必須要明白一點：這絕對不是事實，而是讓資優者產生了一種永恆的未完成感、一種對自己失望的感覺之自我和自我成功的表象。如果我們在生活中總是覺得自己的人生是由曲折起伏構成的，就會認為必須完成一些達到一定高度的事。於是，我們去追求一個虛幻的目標，但卻總是筋疲力盡，因為這一目標無法得到確定，甚至也永遠無法實現。

如果明白我們對自己的這種看法打亂了自我形象，就可以揭開那張昏暗且不透明的薄紗。在此之前，我們默默地在它之下忍受著痛苦。

## 因為能感覺到而產生罪惡感？

當我們感知到太多東西，包括原本不應該觀察到的，這就會導致一種難以言表的罪惡感。因為懂得太多，總是超越別人而產生的罪惡感。我們早已明白，而別人好像還遠遠落後，他們仍然以自己的節奏繼續思考。我們只能看著他們痛苦地前進，不僅因為他們緩慢前進而忍受痛苦，還因為自己速度太快，無法和他人同步，產生了罪惡感。這裡又涉及節奏的問題。這種形式的罪惡感讓資優者非常不舒服。他經常不知道自己該做什麼或不該做什麼：他想要前進、預測、加速，因為他已經懂了，但這樣他就脫隊了。資優者為這種超前感到羞愧，他必須為此說明理由。

另外，資優者經常會「重新想出」一個說得過去的理由以解釋自己的超前。或者，他等待，停止不前，減慢速度，並因此感到無聊，退出，不再感興趣，甚至……因為感覺自己無法像別人一樣而產生罪惡感。

超前也會使得資優者不得不觀察別人的弱點和脆弱。但資優者經常不願意看到這些。為什麼自己會有如此強的理解力、分析能力和推斷能力，讓自己一人總是處於超前狀態？和別人在一起，擁有相同的節奏，將會是多麼讓人無憂無慮的事啊！

資優者再一次處於不協調的狀態，並因為這種非自願的不協調產生罪惡感。

# 不滿足感

思考可能是一個陷阱，它質疑一切。首先會讓人認為任何事都和我們原本期望的不同，還會讓人感到任何事與看起來重要的事都不相符。

成功？如果成功就是過上這樣的生活，那有什麼意思？這並不是拒絕成功，而是拒絕這種無意義的成功。希望成功是沒有問題的，但什麼是成功？如何成功？為什麼要成功？一切都不斷被擺到檯面上，被重新審查、重新思考，一切都有改變的可能。缺失感、未完成感是持續的。連成功做成一件小事，取得一次小小勝利的愉快感，都因為這種感覺而減少。

資優者警惕地注意著令他人無比驕傲的事情其意義，但從他的分析看來，這些令他人無比驕傲的事都只是相對的勝利。在世界的範圍之內一切都只是相對的勝利！

二十二歲的西普里安，過著飄忽不定的生活……在幾次輟學和復學之後，瀕於崩潰：「讀書一無是處。一份有趣的工作？這不存在！落得像我爸一樣的結局，不了，謝謝！和女人一起生活對我來說是不可能的，我是個很難相處的人，要求太高，過於理想主義。考駕照？我可能是個馬路殺手。」

## 總是感到不滿足

總是需要更換工作，從一個職業跳到另一個職業，永遠不能真正感到滿足，永遠無法真正找到自己的定位；總是後悔自己沒有做的事，或還沒開始做的事。這裡再次涉及資優者在青少年時期遇到的問題：在所有這些可能性中如何做出選擇？如何決定？如何放棄？

資優者隱約呈現出一種無所不能的感覺：我什麼都想做，就像小孩子相信自己「我什麼都可以做」。然而這樣會導致痛苦，資優者因此永遠無法獲得平靜，一切都不斷被重新思考、質疑，成為這種特殊的、永不停歇的思維方式之陷阱。

# 無聊感

當我們談到年輕資優者的學習時，總是會想到「無聊」。資優者之所以感到無聊，是因為他比別人理解得快、學得快，也記得快，因此他必須等很久，這種情況經常發生。課堂時間漫長、無聊、單調，很少會有嶄新的、有趣味的時光能夠引起這位奇怪學生的好奇心。通常，無聊感會轉變為思考的時間，但思維總是讓資優者走得太遠，因此他們還是更喜歡專心、活動活動、聊天，從而避免被自己的思維，以及無止境且沒有答案的問題侵占。資優兒童難以交到朋友，也會產生無聊感。九歲的雅克說：「在幼稚園時，我真的沒有朋友，於是我就數數，以至無窮無盡。」

在成年人身上的無聊感與資優兒童既相似又不同。這種無聊感可能是暫時性的，也可能是長期的，但總是具有很大的強度，就像英國的霧，這層厚厚的霧覆蓋了一切，而不是一層薄薄的雲遮掩了生活的某些時刻。與無聊感鬥爭的資優者很難從中擺脫，強大的無聊感，是資優者大腦運作方式的結果，是強烈思維的結果，與世界形成鮮明的對比，導致很難填補的差距。

三十一歲的克萊兒來接受心理諮詢，她在兒童時期就被診斷為資優者，但這個診斷卻沒有得到家人的重視。她說：「不管怎樣，我時時刻刻都覺得無聊。而為了不無聊，我逃到我的思維中，根據不同的時間和不同的情境，構想出不同的場景。像是，我可以對某個情境進行充分分析，仔細思考其所有的組成。或者，我決定一個主題，並圍繞該主題無窮無盡地發揮。或者，經常是在晚上，我想像一些遭難場景，一些真正恐怖的場景，故事非常淒慘。就好像我在嘗試馴服自己身上深不可測的害怕。於是，我感到害怕。但這種情緒卻讓我擺脫無聊感！」……之後她補充道：「您可能會覺得我真的很奇怪。」

## 與存在有關的無聊

這種模糊的無聊感會逐漸擴散且持久。活著？為什麼要活著，有什麼用呢？因為努力為一切事物尋找意義，而一切卻沒有意義，無聊感便油然而生。快樂慢慢消散，事物原來的光芒慢慢散去，感覺逐漸褪色，活著成了無聊的代名詞。對於資優者而言，生活需要閃閃發光，由各種高潮迭起、強烈的情緒、快樂、幸福和成功組成……在這樣的生活中，會感覺充滿活力。資優者需要充分參與到這個世界中，帶著心和大腦，充滿渴望和好奇。所有人懷著同一個目標一起分享令人興奮的奇遇活動，對於資優者而言，這是唯一有效的、充滿人文主義的目標。

## 日常生活中的無聊

這種無聊感尖銳，給人帶來麻煩，使人產生罪惡感。而且經常突然出現，毫無徵兆。它最喜歡的攻擊時刻，是當資優者有他人陪伴時。這是最恐怖的無聊感，因為它需要很大的能量，像是需要假裝這些對話非常有趣、這些人的生活激勵人心，他們日常生活中的所有逸事都非常扣人心弦；還需要對他們的職業、孩子和配偶表現出興趣。剛開始時，資優者還能做到，但一切會突然結束，資優者就不再感興趣，甚至連自己都沒有意識到。資優者的眼神變得飄忽不定，注意力分散，已經走神。有時，資優者還會起身離開，令所有人都非常吃驚，不知所以。有時，資優者也能回過神來，但需要付出很大努力。

這是真正的人間喜劇，因為無聊感是強大的，並且隨著時間不斷增強。通常的情況是，資優者可以在短時間內重新集中注意力。但如果節奏太慢或實在沒有什麼意思，他堅持不了很長時間。

由於無聊感會滲入很多情境裡，因此資優者需要有新鮮事不斷發生。

安娜，三十六歲，美麗又有教養，已婚並孕育了兩個資優兒童，她說：「可怕的是我總是在假裝。晚飯或晚上變得無法承受。在一段時間後，我就只能夢想一件事：離開，一個人待著，逃離這種演戲的生活。這讓我筋疲力盡。但我向您保證，我付出了別人無法相信的努力，才不讓任何人發現這點。

還有，別人經常跟我說我是理想的同伴。在他人看來，確實是這樣。但我為此付出了非常多的努力！對我而言，這非常困難。我感覺非常無聊！我不希望讓您覺得我不喜歡別人。正好相反，我夢想擁有朋友，真正的朋友，和他們好好相處。但我無法做到。還有一點說出來會有點尷尬，就是——一切事物都令我感到無聊。因為我不工作，於是我的朋友經常建議我找點事做，找點消遣活動或培養一個愛好。但就算那樣，我仍然感到無聊，無法從中真正得到快樂。我很快就感覺到自己好像在轉圈，這讓我無法再高興起來。您認為這正常嗎？」

我不知道這是否正常，但我可以肯定的是，在資優者的生活中，這是常見現象。像安娜一樣，資優者不停地與這種束縛自己的無聊感抗爭。無聊感使資優者感到苦惱並使其變得脆弱，還可能導致類似抑鬱的狀況。然而，這不是病，但無聊導致的結果卻不能被輕視。

無聊感侵害活著的感覺。資優者需要很大能量，才能不斷重新投入看來像空地般平乏的生活中。為了不在路途上裹足不前，資優者需要不斷給自己創造刺激。

## 活動亢進：無聊感的另一面

另一種常見的反應是活動亢進。不要將這裡所說的活動亢進與兒童病理的同名名詞[7]相互混淆。如果選擇「suractivité 」[8]可能更為恰當。為了不感到無聊，成年資優者會增加活動量，參加各種活動，構想各種計畫。

總之，資優者同時會做很多事，而且最好速度快一點。他永遠停不下來，看起來好像不知疲倦。其他人羨慕他的能量、他的工作效率、面對事情的力量以及對生活的熱愛。然而，在這永恆的煙火下，威脅資優者的無聊感遊蕩著，不斷運動著的成年資優者透過活動以掩蓋這種無聊感。

注意，成年資優者感興趣的活動通常是具有創造性的，並且是有趣的活動，可以轉化為職業成功的活動。成年資優者（對生活非常有天分？）找到了對抗無聊毒藥的有效藥方。只要他的生活能夠按照固定不變的節奏繼續，就能保持平衡。

資優者需要謹慎，並清楚地明白這種無窮無盡的能量從何而來。否則可能會突然遭遇意料之外的障礙，其過強的情緒負荷打破這種平衡。如果關於這永恆運動根源的意義很清楚，資優者將（幾乎）得到保護，他懂得在不得不停止的情況下如何保護自己，提前做好準備。

## 很難掩蓋的急躁情緒

急躁通常被認為是種缺點，好像這種情緒會導致人們犯錯，失去判斷力，導致虛假的倉促。然而，耐心則作為美德得到讚揚。有一句俗話為「耐心是成功之母」，意思是說，耐心是成功做好任何事不可缺少的優良品質。但事實並非完全如此！至少不是對所有人來說都是這樣。因為，對資優者而言似乎就不是。

為什麼？急躁是資優者人格中最大的特點之一：他處於超前狀態。換言之，他對於某個情境的分析、理解和綜述能力，使他能夠在所有人之前知道結果，讓大家確信他知道答案，正確的、真正的、唯一的答案。之後便是等待，他等待其他人費盡千辛萬苦得來的結果，或者得出另一種，而這時資優者會立刻對這項結果提出異議。即使他錯了也不知道，只能按照這種整體的、知覺的、迅速的方式運行。而他的急躁情緒也源自於此。

人們通常會認為資優者易激動、偏執、專斷，無法理解資優者這種不容置喙的、專橫的大腦運作方式。因此，人們會告訴資優者他並不是一直都是對的，他需要考慮別人的想法，並且等待。在說話之前要等待，在決定之前要等待，在提出異議前也要等待，但這正是問題所在：資優者不懂得等待，而等待會從內心折磨他，近乎是一種身體上的折磨。

此外，我們經常會發現一些行為表現：小腿或腳強制性地扭動，臉部抽搐，手臂或手不由自主地運動，不耐煩地轉動鋼筆……等等。等待需要資優者付出真正的努力，生理和心理上的努力，努力意識到自己並不總是能夠做到。

但對於資優者而言，等待是反自然的！真的是很難忍受的事，有時候是非常痛苦的，因為他自己是第一受害者，尤其是由於他的急躁使他變得不受大家歡迎，而他當然也會為此感到痛苦，造成了雙重的苦楚。

有些時候，我真的是無法忍受。我們在開會，我不明白為什麼大家要拖拖拉拉！他們談一個相同的主題會談個二十遍！這讓我變得極不耐煩。我試著抑制自己的情緒，但我感覺自己馬上要大喊，告訴他們需要決定的內容。然而，當我試圖介入時，總會有人告訴我等一下，不能這麼快，還需要研究某項內容或另外一個內容……這簡直讓人無法忍受，因為我覺得這不會有任何效果。需要做出決定，需要有所進展。僅此而已。好像他們想要避免一切風險，因此他們無休止地「爭論」，卻沒有任何成效。

事實上，他們最後的決定或最終的想法，我早就想到了！同時，令我感到不安的是，這個過程最終會讓我產生懷疑。於是我有時會對自己說，好吧，他們可能是對的，我們需要按部就班地做事。而在這種情況下，我會一反常態，要求核實所有事情，為要確保無誤，並且是很多次，但這卻再次使大家惱火。因此，我現在找到了應對方法：當我意識到自己無論如何都無法直接讓大家接受我的解決方法時，我就胡思亂想，「神遊」去了，只是假裝我還在聽，對一切結果我都說對。但我其實感覺無聊透頂。坦白說，我不知道該做什麼！

## 失去積極性的風險

由於急躁的情緒所造成的各種生理與心理的感覺，以及其招致的批評和攻擊，讓人極度難以忍受，因此資優者最終選擇緘默，接受並不再爭辯。他變得順從、消極，不再積極參與，不再發表任何意見。

更糟糕的情況是，懷疑最終占了上風。成年資優者經常聽別人對自己說，不等待就無法知道，不等待就無法做決定，不等待就無法成功……導致資優者對自己失去信心，也對自己的判斷能力失去信心。他認輸、氣餒，有時甚至陷入一種處罰性的退縮狀態，工作、社會、情感等生活層面與心理平衡都深受影響。

## 無聊感和感情：從過度投入的感情到愛情不穩定

這部分的內容很難開始，但非常重要。我們發現一些值得一提的常見情況。這些常見的情況分為兩種愛情關係，或更確切地說，根據人們與愛情的關係。

### 渴望穩定的、牢固的、永恆的愛情

希望組建「牢固的」夫妻關係，能夠抵抗人生的暴風雨和狂風。需要這種安全感的人，會以生活允許的最快速度試圖組建固定的夫妻關係和家庭生活。培養並保護夫妻關係以及家庭，從而讓自己感到被保護、被愛，將是他們時時刻刻所關心的大事。這種保護夫妻關係的能量也與自己相信這種夫妻關係的需求相互符合。相信像這樣他們能幸福，相信一切都安好。然而，資優者會擔心被未知的、來自夫妻關係之外的情緒所侵占，這可能會突然改變一切。因此，雖然有時候他們會在夫妻關係中感到無聊，但被害怕侵入的感覺會「占據」他們的思想，並調動他們的能量。

而害怕在無聊的情況下，已經算是取得了勝利。

## 需要不斷的愛情刺激

愛情需要不斷更新的熱情。從心理學的角度看，我們知道愛情邂逅會讓大腦分泌荷爾蒙，這是強烈快樂和愉悅感的來源；我們也知道，這種荷爾蒙的分泌在三年後就會減弱，由依戀的關係取而代之，從而繼續維持夫妻關係。快樂荷爾蒙的釋放結束了……某些人不能沒有這種荷爾蒙，因此得了愛情上癮症（Love Addiction），變成依賴這種使生活變得美好的所有感覺的宣洩。在這期間，因為有了化學方法的保護，自己，對方，全世界，一切都變得如此美妙。思維和心全速前進，充分享受生活。這也激發了資優者的積極性，感覺自己還活著。這種不斷重複的戀曲能夠使人生平衡嗎？能夠讓我們過上滿意的生活嗎？

我不相信，但有一件事是肯定的，就是這種經歷為排解無聊感的強大手段。

## 情感矛盾

還有一些人兩者都想要：讓自己平衡必不可少的、穩定的、給人庇護感的夫妻關係，以及婚外情，從而給自己「從愛情角度來看過於規律的」生活創造一點「令人喜悅的小插曲」，來幾劑腎上腺素，為飄蕩著無聊感的日常生活增加些刺激。這些人喜歡冒險，一方面不希望自己的夫妻關係受到影響，但又希望能夠操縱一些情感，讓這些情感控制自己並打破平衡。

在任何情況下，資優者的感情生活總是帶有害怕無聊感的痕跡。這種無聊感要麼直接被克服，要麼被否認，但總是存在，即使不太明顯。資優者知道這點，所以有點害怕。我們最好還是要知道，因為這樣就可以更好地武裝起來「與之相處」，並安排自己的生活。

## 羨慕

我們不會自發地想到資優者身上有這方面的人格。然而，資優者偷偷地觀察並嚮往別人的生活，羨慕這種天真率直、簡單的快樂、最簡單的幸福。因為對他而言，這一切好像都無法實現。資優者無法做到在衡量事物的同時，其思考機器、剖析機器、分析機器、研究機器不超速運行；也無法做到在參與事件、會議、集會的時候，不去感知所有情緒，不去識破並解釋所有未盡之言，不去揭開所有表象，不去揭露所有詭計。他不願意這樣。不，是他大腦運作的方式不讓他得到一絲安寧。他無法像其他人一樣能夠讓自己「休息片刻」，自然地和他人在一起。

其他人都知道如何生活、怎麼做，看起來好像十分確信自己是什麼樣的人，確信自己的選擇以及人生。而當他們說話時，也確信自己所講所想。這增強了資優者心中低人一等的感覺。

資優者在自己的角落，嫉妒地觀察著他們。他非常想知道怎麼做，他內心很清楚自己永遠也做不到。於是，資優者要麼強迫自己「讓別人相信」，要麼就默默離開。

## 羨慕別人能夠停止思考

這是羨慕的另一方面。這些人怎麼能夠滿足於別人給他們的解釋呢？為什麼他們看不見身邊的所有事物？他們如何做到不用一直思考？這樣讓人感到舒適輕鬆，讓資優者相當羨慕……

這位年輕的女子已筋疲力盡，跟我開玩笑要求道：「求求您，幫我切除一部分大腦吧。我實在受不了了。我希望能夠停止，但我做不到。我的大腦永遠處於超速運行的狀態，時時刻刻都在全速運行。晚上都因此無法入眠。」

或者更有甚者，這位肩負重大職業責任的男士羞愧地對我說：「昨天晚上，我做了一件不理智的事，我把自己關在浴室，不讓妻子看見我。她便撥了通電話給精神病急診。我好幾次用頭去撞牆，感覺這麼做我的大腦就會停止運行，最終能安靜下來。我很清楚地意識到這種行為的荒唐之處，但我真的已經無法忍受了。」

你們知道，我沒誇大其實。這是資優者常見的抱怨：希望停止思考，或更確切地說，希望能夠控制自己的思維。我們決定思考時就思考，而不需要思考或思考讓我們不愉快時，就停止思考。希望能夠找到開／關按鈕，能夠找到一種方式不用再忍受自己的思維，而是能夠操縱自己的思維。

「我不能再像這樣生活了，我受夠了。在對我的情況進行仔細研究後，我發現我之所以無法適應社會，是因為自己的智力。它從來不讓我安靜，而我無法馴服它，它將我變成了一座鬧鬼的、陰暗的、危險的、令人不安的莊園，而我焦慮不安的靈魂居住在此地。我自己糾纏自己。我實在無法忍受思考了，你必須幫助我。我的大腦整日整夜地在跑馬拉松，一直不停轉動，就像倉鼠輪一樣。」[9]

## 對他人的情感

如果我們具備過度發達的移情功能，就很難在感受到別人情緒的時候卻不被干涉。資優者經常無法控制地給出自己的看法，表示支持或表示自己理解對方。他希望幫助對方，因為他覺得自己知道該做什麼，該怎麼做。他內心對別人的理解是非常明確的。於是，成年資優者通常會成為人們信任的人，因為他好像能夠從內心深處理解對方。資優者能夠在他分析問題和情境時考慮眾多參數，這使得他的意見變得珍貴，他的建議也被大家接受。

然而，作為知心人的成年資優者卻吸收了對方所有的情緒，他在內心深處要忍受這些情緒的痛苦。對方的情緒變成了資優者的情緒。他必須加強自己的保護系統以保持平衡，並且不因為對方情緒的激流而無法自制。這會導致資優者截然相反的態度，他將和別人保持距離，以防自己被如此多的情緒侵占。

這並非由於資優者對他人的痛苦漠不關心，反而是因為他感覺自己過於牽涉在內，距離對方經歷的痛苦太近。資優者感到自己無法幫助對方，無法讓對方走出困境，才遠離對方。他們嘗試以最大的限度去阻止一切情緒的易感性，從而可以不再感受到對方的情緒。這是一種僥倖生活的方式……絕不是缺少憐憫。

## 對他人漠不關心的形象

為了不再接收情緒負荷，資優者為自己打造了無法穿透的保護盔甲，而在他人眼中，資優者好像是冷淡且有距離感的人，對別人沒有感情，甚至是沒有愛，幾近高傲，與世隔絕。作為自己的囚犯，資優者受到雙重虐待：首先，為了與他人的情感經歷保持距離，他們需要不斷調動能量；其次，他給別人的印象與真實的自己相去甚遠。你們應該清楚這種自我防衛系統非常容易出錯，資優者會繼續遭受突然發作的情緒，他會繼續忍受這些情緒。我們也能看到資優者的痛苦會因為他人的排斥而增強，這些人不願意接近這樣一個如此冷淡的人。簡直就是惡性循環！

## 感覺到別人的生活

這是對他人的超強感知的另外一面：非常明顯地感覺到對方將如何行為，他將開始做什麼，他將成為什麼樣的人。在另外一種背景下，我們可以稱為超凡預見力。這個詞的詞源意義，指的就是資優者感知到的東西：資優者對其面對的人的人生和未來有清晰的認識。這種清晰的認識源自資優者具有超強情緒捕捉能力（這種能力可以迅速解讀情緒的意義），而能夠對各種參數進行迅速即時的分析。這是一種憑直覺進行的推論。資優者知道，但他無法解釋。當環境使他覺得安心時，資優者會試圖引導對方，要不便沉默不言。如何解釋無法解釋的事？

「每當我看著她時，就會暗自心想：『她是不是也會變得跟其他人一樣？』我試著想像她十年以後的樣子。……可是這些想像行不通。這時，我有一種很幸福的感覺。這是我平生第一次遇見這樣一個人，她的未來無法預測，她未來的人生道路還很平坦寬敞。」⑩

## 擾人的過度敏感

「每一次，都是一個奇跡……：只要合唱團一開始高歌，一切都會不復存在。生活中的一切印跡都會被歌聲抹去。我突然產生了一種兄弟般的、團結一致的，甚至是相親相愛的感覺，這種情感的相互溝通沖淡了日常生活的醜陋……每一次，都是一樣。我想哭，喉嚨很堵，我盡可能地控制自己，但是很多次，這不是說控制就能控制得住的……這真是太美了，太團結了，這是讓人不可思議的相通的感情，我不再是我自己，我是這個崇高整體的一部分，這個整體也包括其他人，這時候我總是會問我自己，為什麼這不是日常生活的規則，而只是在這個合唱團演唱的特別時刻呢。」⑪

資優者能夠強烈感受到在自己周圍搖擺的情緒和生活。他們能夠感受到一切，而且全部都被放大、增強、無法迴避。資優者能夠捕捉並記錄下最小的細節，包括那些任何人都沒有注意到它們的存在、難以察覺的細節，以及無關緊要、甚至都無法跨越意識屏障的細節。

於是，充滿情緒與情感的生活顯得異常突出，承載著少有的密度，且經常因為強度過大而變得無法忍受。

對我而言，某些情境價值千金，並會被我擴大成一萬倍。但對於其他人而言，卻是無關緊要的。

在某些情況下，由於情緒負荷過於強烈，導致反應變得非常極端。當情緒爆發變成唯一的情感表達方式，強度使得系統關閉時，情緒上的大災難將會突然降臨。

德爾菲娜總結道：「我的反應實在過於極端，因此沒有人理解我。」

看到這麼明顯的反應，我們明白了資優者非常敏感，易怒，也非常容易感覺蒙受羞辱。一個無關痛癢的詞、一個小小的手勢、一句無聊的評語，都會讓資優者深深感到受傷、尷尬窘迫、驚訝，他會覺得這一切都是有人指使的挑釁。於是，便將自己封閉起來，閉門不出，或者爆發，而這經常會讓他身邊的人感覺茫然，不知所措。如何理解這種既令人驚訝又出乎意料的行為其微不足道的原因？於是，又產生了新的相互不理解、新的誤解，資優者也再次陷入孤獨之中。

德爾菲娜繼續說：「當我在婆家時，我總是感到緊張、心煩。他們假裝對我非常友好，接受我。但我能清楚地感覺到他們不愛我，只是為了自己的兒子在演戲。因此，對於他們對我說的話，我都產生了過度激烈的反應。而且，我會立刻反應，沒有人明白我到底怎麼了，但這就加強了他們對我的敵意。對我而言，每次都是一場考驗，因為其實這一切都使我極度受傷。」

資優者的情緒隨時隨處都在，且能鑽入最小的縫隙。甚至，當沒有任何東西可以被感知時，資優者都會覺察到未必有的情緒變化。所以，他會對此做出詮釋並反應。他的情緒易感性與大腦控制回路切斷了，因此無法被理性控制。資優者的情緒就這樣左右著他們，並使其迷失方向。

## 相反的狀況：感覺不到任何事物

某些資優者有意識地選擇脫離無底的情緒深淵，作為自我防衛的策略或是自我保護的措施。目的是用大腦去感覺，而不再用情緒感覺，在自己和世界之間保持認知距離。我將這種做法稱為「認知防衛」（Cognitive defense）。一切都需要接受智力過濾器的過濾，任何事物都不再接觸生活和他人。這是真正的情緒自殺！對心理平衡有害，對生活的感覺有害，對與他人的關係有害。結果造成無情感的、冷漠的、敏感性被抑制的人格。

在心理諮詢時，我對帕特里斯說話的方式感到震驚。我告訴他，他的用詞沒有實際內容，但他不明白，而我的解釋也沒有任何效果。在幾次心理諮詢後，某一天，我感覺到生命又出現在他的話語中。我跟他說明了這個情況，他也明白了其中的意思和價值。他的用詞重新找回了情緒的實體。這些詞語又重新充滿生命。

如果感覺禁令被推向極端，會導致一系列生理上的後果：內心感覺被上了枷鎖的情緒折磨，而身體的反應則包括反覆發作的腹痛以及神經末梢炎症，這讓醫生也束手無策。

## 無盡的孤獨感

最糟糕的孤獨感是內心的孤獨感，雖然資優者可能得到大家的關心，有朋友，交遊廣泛，可能在實際生活中不是一個人，雖然有工作，甚至是有趣的工作。然而內心卻滿是憂傷，無盡的孤獨感一直在折磨著他們。這種孤獨感源自於自己和世界的距離、和別人之間的距離。資優者總是感覺到這些距離，並非他們所願，但的確非常讓人痛苦。儘管用盡全力，還是覺得孤獨。資優者遠離他人，無法被他人理解，甚至是那些用盡全力、用盡所有的愛來試圖理解、靠近資優者的人也無法真正理解。一切都徒勞無功。實際上，資優者站在自己的控制塔上，發現缺點、脆弱性、侷限性……他們並不是故意這麼做的，但當所有機構被摧毀時，如何感覺自己被真正理解呢？

在自己的家庭中也能感到孤獨，這當然更加難以承受，無論對自己還是對其他人都是如此。此時資優者其實非常清楚自己並不快樂，甚至和最愛的人在一起時，還是感受到無法承受的孤獨感和距離感。

其他人讓我疲倦。但是我會努力，我跟他們說話，我假裝對他們說的話和他們的故事感興趣，我會回應他們，我試著變得善於交際。但這一切需要我集中注意力，需要付出很大的能量。但突然，連我自己都沒有意識到，我思緒不集中了。

在某個晚會上，空虛感不一會兒就圍繞著我，我覺得非常孤獨，好像沒有人願意再跟我說話。我已經筋疲力盡，雖然這樣能夠讓我休息一會兒，但在此同時，卻又讓我感到傷心。為什麼？為什麼我和大家在一起時，沒辦法覺得感覺很好？為什麼我會這麼快就感到對話非常無聊？這讓我高興不起來。

然而，他們在一起分享時，卻顯得非常快樂，我則感覺極為孤獨。我在觀察這一切的時候，不僅帶著苦楚，甚至有點生氣。我多麼希望自己也能玩得開心。但這是我的錯嗎？我真的是個無趣的人嗎？

弗洛朗絲在說這些話的時候帶著惱恨，但面對自己這種讓她感到孤獨、讓她與別人產生距離的大腦運作方式，她也無能為力。這並非她所願，她說，她非常希望自己能夠「像他們一樣」，希望自己是其中的一分子，而不是像個局外人。這種距離感幾乎總會出現在資優者的敘述中。最令人痛苦的，是這種感覺由來已久，當資優者小的時候，與他人的關係就已經非常不融洽了。

## 朋友只能是朋友

「我知道對我而言，自己與別人之間的關係非常有限。因此，我試著讓這種關係的利益最佳化，無論是對我還是對對方。換句話說，就是不要浪費能量。其實當我們投入一段關係時，需要很大的能量。」艾蒂安是一位與社會隔離的年輕人，但這並非他自己所願。他對自己和他人的關係進行分析，以及這種關係可能導致的害怕：害怕失望，害怕背叛，也害怕這種關係曇花一現，流於表面。於是，他有所保留地投入到這種關係中，並且只有當他覺得這種關係會給雙方都帶來「真正意義」時，才會「付出」這種如此珍貴的能量。

## 一種絕對的關係

資優者對他人以及自己與他人的關係、信任傾盡所有。對於他而言，朋友是一種絕對的概念，而信任是歷久不衰的。但很快地，生活卻表現出相反的一面：兒童、青少年、成年時都沮喪無比。為什麼資優者認為交心的朋友，他認為是堅不可摧的堡壘般的朋友會背叛自己？為什麼對方會對自己不忠實？但請注意，請不要搞錯，這裡說的「背叛」，不是會傷害我們每一個人的「背叛」，我說的是那種極小的、難以察覺的背叛，這種背叛如此輕微，以致於這個「叛徒」經常都沒有意識到。對於「叛徒」而言，並沒有任何問題，他並沒有背叛，因此也沒有意識到這對資優者夥伴所產生的影響。他不明白為什麼他的資優者朋友抱怨他、離開他。他真的無法理解。

到底發生了什麼事？資優者的敏感性對於自己、對於他人都是難以忍受的。一個很小的看法、一個很小的評價、一個用得不確切的詞，都會在資優者身上引發真正的情緒災難。這對周圍的人來說是不可理解的，因為他們覺得這些都很稀鬆平常，但對資優者來說卻並非如此。於是，這種小失望便日積月累。

資優者原本對於自己和他人的關係感覺無比信任，但是這種信任卻時常動搖，使資優者和他人之間產生了距離。年復一年，他不再信任，不相信任何人，時刻懷疑所有人，保持一種防禦的狀態。

## 一種從生物學角度已經規劃好的害怕？

在大腦中，重複性的創傷經歷會生成最終能自動啟動的「印刷電路」。自己與他人的關係被認為是危險的，而作為人體的反應、大腦的反應，恐懼會導致逃避或攻擊，人體面對危險時所採取的生物反應重新占了上風。

別人當然能感覺到，並不再靠近他。而當有人試圖靠近時，資優者會亮出保護措施。他與別人保持距離，雖然也會說話，但完全不談論自己。他會認真聆聽，但是會仔細分析，分析一切，對方說的和沒說的，對方理解的和沒理解的，還有對方的姿態、手勢、語調、服裝穿著、坐的方式、受傷的指甲……一切都將被資優者分析。這一切都會加強資優者作為認真看守人員的立場，他不會放鬆警戒。資優者高度的警覺性使他能夠發現他人的缺點、沒有條理的思想和不誠實。無論這些跡象是多麼地表面和沒有意義，讓資優者再次陷入讓人絕望的孤獨狀態，是在資優者身上重複上演的悲劇。而他只不過是希望自己被馴服，卻也非常害怕自己被拋棄。

這時候，出現了一隻狐狸。

「……來跟我玩吧，」小王子向他提出，「我很傷心……」

「我不能跟你玩，」狐狸說：「我還未經過馴養。」……

「什麼叫馴養？」

「這件事記得的人不多了，」狐狸說，「意思是，建立感情聯繫……」

「建立感情聯繫？」

「不錯，」狐狸說，「你對我不過是一個男孩子，跟成千上萬個男孩子毫無兩樣。我不需要你。你也不需要我。我對你不過是一隻狐狸，跟成千上萬只狐狸毫無兩樣。但是，你要是馴養我，咱們倆就會相互需要。你對我是世上唯一的。我對你也是世上唯一的……」

…………

就這樣小王子馴養了狐狸。離別的時刻近了：「啊！……」狐狸說，「我會哭的。」

「那又何苦來呢！」

「我不苦，」狐狸說，「我的祕密是這樣。很簡單：用心去看才看得清楚。本質的東西眼睛是看不見的。」……「這條真理已經被人忘了，」狐狸說，「但是你不應該忘。對你馴養的東西你要永遠負責。」⑫

## 做真誠的人是金科玉律

做真誠的人，就是不背叛，永遠不背叛。這意味著能夠竭盡全力、用自己全部靈魂保守祕密、為朋友辯護、與不公正鬥爭。不公正是資優者的要害，是他們最憎恨的東西。哪怕是最小的不公正也會引起資優者反感。

面對不公正，資優者做好一切準備。他的心平氣和可能轉化為狂怒，他的溫柔可能轉化為刻骨仇恨，他的被動性可能轉化為無法抑制的攻擊性。資優者自己成為受害者的不公正，以及所有其他人成為受害者的不公正，如果只有他一個人意識到這些不公正，情況會加劇——他怒不可遏，做好一切準備，包括讓自己身陷生理或心理的危險境地。不論如何，他都會投入戰鬥，他無法任由不公正肆意妄為，儘管充滿危險和風險。資優者一定要向不公正宣戰，絕不願意假裝忽視不公正的專橫。

## 接連失望

如果說信任是神聖不可侵的，那麼背叛就是公開的極大傷害。儘管有很多痛苦的經歷，但資優者天真的大腦運作方式、盲目的信任使得他們繼續相信，繼續抱有希望。

一次新的邂逅？資優者立刻投入新的希望，接著便是讓人無法承受的失望，資優者對此是沒有預料到的。資優者總是認為信任，真正的信任，歷久不衰的信任是可能的。我們在具有如此敏銳頭腦的資優者身上，看到令人無法生氣的天真，這種天真讓資優者自己十分狼狽。作為代價，資優者需要花費巨大能量才能重新振作起來。但相信我，他會重蹈覆轍！

在夫妻生活中，我們也會發現這種情況，好像資優者無法明白他對於對方的衝動，以及對於愛情的需求會讓他喪失理智。

舉個日常生活中的例子：夫妻間發生爭執，大吵一架。雙方都離開悲劇現場，各忙各的。你們知道資優者心裡在想什麼嗎？他內心深處在期盼什麼？他在盼望兩人重修舊好。他相信重修舊好的時刻將會是熱情濃烈的時刻。但在現實生活中，和資優者不同，對方無法徹底從一種情緒狀態過渡到另一種情緒狀態，所以也無法處於同一種精神狀態。於是，最後沒有發生什麼大事。而這在資優者看來，非常無趣也非常令人失望。他感覺到窘迫，就像一個失望且傷心的孩子，因為自己的浪漫夢想沒能轉化成現實而感到詫異。

你們可能會認為我說的有些誇張，你們會說，這只是證明了資優者非常天真，而且不懂生活。是這樣沒錯，但這確實是資優者大腦運作的方式。

蘇菲向我承認了她非常幼稚的行為，她也知道這樣非常愚蠢，但她告訴我，她每天都情不自禁地重複這樣的夢想，但最後都是自己受傷。

她說：「我下班回到家，一想到能見到我先生，就非常高興，腦袋裡沒有別的事情！但事實上，我得到的只是一句禮貌性的晚安，我先生最多就是看我一眼。一切在瞬間崩塌。我在期待什麼？他準備好一瓶香檳酒等我回家？兩張週末的機票？還是，他找了一名臨時保姆來照看孩子？又或是三十七朵玫瑰花（我今年三十七歲零三個月了）？這真是單純而輕佻的城市少女的夢想，真可笑。當然，我的先生在其他方面很優秀，甚至這都不是問題所在。我就是每天情不自禁地告訴自己：今天，可能……」

「蘇菲的這些不幸」當然稀鬆平常，但對她而言，卻是重複出現的失望。

問題出在哪兒了？出在資優者並沒有辦法滿足於普通的日常生活。

## 知道自己對某個人而言是重要的

伊莎貝爾講述了自己和男性的問題。如同所有害怕和別人產生關係的人一樣，她講了很多難以想像的經歷，並且情緒激動地向我描述了一段愛情往事。當時還是少女的她有一個男朋友，她愛他，他也愛她。由於分隔兩地所以雙方過著各自的生活，但會定期見面，「這就像放電的感覺，我突然感覺自己又活過來了」。然而，生活迫使他們不得不走回各自的人生道路。於是，他們透過電子郵件交流，時刻保持聯繫，就像所有保持這種關係的年輕人。

與剛開始談戀愛的人所認為的相反，透過這種電子郵件方式的書面聯繫可以特別親密，有時候比直接聯繫還要親密得多。透過這種方式，我們敢言，敢交換意見，敢吐露心聲，敢說出心裡話。與直接聯繫相比，少了很多束縛。直接聯繫總是更加危險。像這樣，伊莎貝爾和菲力浦經常溝通交流。伊莎貝爾說：「知道自己對某個人而言是重要的，這非常重要，甚至比身體接觸更重要。」

而在資優兒童身上，我們能發現到一種常見的現象。他們似有明顯的上學動機：感覺自己被等待，感覺自己的到來會讓某個人開心，自己在學校出現對於老師、教員，或另外一個孩子來說，或誰都好，是很重要的。重要的就是，感覺到有人愛自己。這就足以讓他早上起床，渴望上學……你們會認為，所有的孩子不都是這樣嗎？是的，當然。但對於資優者來說，這是至關重要的，而不是一項選擇。

## 與世界互相不理解

資優者無法理解這個世界和他人，但資優者也不被理解。

### 如何理解無法理解的事？

意義，首先是意義，總是意義。這是資優者大腦運作的主題，堅忍不拔地尋求意義。尋找事物精確且絕對的意義。風險是什麼？一味尋求一切事物的意義，我們最終找到的可能只是荒謬和無意義。簡單地尋求對的意義已經失去意義，那要如何去理解無法理解的事？這不可能。氣惱的資優者無法再理解，不能理解任何事。一切失去意義，而他也迷惘了。在盡頭的盡頭，什麼都沒有……如果沒有意義，就無法生活，那怎麼辦？就像莫比烏斯帶（Möbiusband），無限地繞著自己轉，無法分清頭尾，資優者不斷提出各種永遠沒有答案的問題。

誰能理解「試著理解的人」？

## 換一種方式理解這些奇怪的誤解

因為資優者與別人的思維方式不同，這種陷阱會滲入日常生活的很多情境裡。他們無法理解大家認為非常明顯的事，或是會以另一種方式理解，而這都可能導致令人氣餒的後果。在私生活和家庭生活中，便可能導致一場衝突或無意義的爭吵，最終我們會意識到，只是理解方式不同而已。在朋友之間，這可能導致無結果的討論，最終使資優者被他人排斥——朋友們很難忍受這位故意搗亂的朋友，而資優者既無法讓別人聽自己說，也無法在這些朋友之中感到舒適，因為他總是與他人不協調。在職場上，則會導致很多失望，或者有時是無法逆轉的誤解。

「例如，在某招聘面試中，因為我們的思維方式與招聘者完全不同，就誤解了所有問題。而我們給招聘者的印象也失真了。於是，我們便與所應徵的工作失之交臂。」這個例子很有說服力。

## 給人一種弱智的印象

因成年資優者說的話與他人不協調、思維方式、參與方式都與他人不同、他們總是有出乎意料的評語……所以經常被認為是「弱智」，也因此很容易被解讀成愚蠢的表現或智力不高。這很令人驚訝，但卻經常發生。別人可能還認為，資優者是無趣的人或是一些讓人無法忍受的人，因為他們從來不同意別人的觀點，質疑一切，對於每個決定都要提出異議，著眼於極小的細節。

洛朗再也無法忍受。他試圖讓公司的事務能夠有所發展，因為他的分析讓他明白，公司現在的管理方式是不對的，但每次都徒然。理論上他是對的，但在實際操作上，他遭到所有人的反對，公司主導的想法與他不同。沒有人會聽洛朗說話，大家也低估他的能力和分析。

與大家脫節的洛朗不被接受，也被排斥。而且，他還承受到針對他且充滿敵意的冷笑。更糟糕的是，有人同情他智力低下，缺乏辨別力……

## 尋找失去的完美世界

理想！在兒童時期，在青少年時期，渴望世界完美和人生完美的年輕資優者有很多夢想、很多計畫、很多雄心壯志。對於資優者而言，這不僅僅是個夢想，他們也相信自己所想的和自己相信的都是可能的，都可以實現——當我長大後……

### 感覺自己無所不能，對一切免疫

「當我小的時候，我總是想：一切皆有可能。雖然看起來都行不通，但我仍然相信一切都有可能。」就是這種堅定不移的信念推動尼古拉克服各種障礙。如今，他在社會階級中擁有較高的地位，但他依舊試圖與不可能鬥爭。

在上述例子中，我們可以清楚看到感覺自己無所不能的力量和風險。我們在兒童時代就有這種感覺，認為自己的意願可以讓我們獲得一切，我是所向無敵的，不會有任何風險，我總是可以找到任何事情的解決辦法。資優者也經常會有這種信念，認為任何事情都無法妨礙自己，一定能找到解決辦法，能夠擺脫困境。

覺得自己無所不能的感覺在資優者身上根深蒂固，好像是兒童時代留下的痕跡。但這無法保護他避免一些突然的對自己不利的變動，也可能讓他認為自己是無用之人，沒有能力。陰影和光明，這種情緒的對比讓資優者永遠無法擁有片刻安寧。

## 一連串的悲傷

面對真實的世界，面對世界的侷限，以及我們自己的侷限，必須承認這樣一個明顯的事：生活不會是我們原本所想像的，沒有人可以實現自己設想過的所有事，我們必須接受放棄……對於資優者而言，最痛苦的是放棄自己以及自身的信念，放棄相信自己可以成功，感覺自己無所不能的幻影破滅……

當我們從夢想的角度評價這種生活時，對於真誠地希望過有限生活的理想主義者而言是痛苦的。即使是非常完滿的生活、從社會角度看是成功的生活、完美實現的生活，都會讓資優者有苦澀之感。這真的不是他所希望的，他原本也沒有想過以這種方式生活和改變世界。

## 超意識

超意識可以定義為超強感知能力的結果，促使大腦持續處理來自外界的資訊。資優者能夠看到、聽到與發現一切。更確切地說，他能注意到最小的細節、最小的事物，以及環境中最小的跡象：從某個物體的顏色到談話者上半身的姿態；從房間微弱的氣味到隨著陰影晃動的光線，所有資訊都會被資優者考慮到。

對於資優者而言，平常的事物可以變成最重要的事物。在他們面前，任何事物都無法逃脫，一切事物都將被其大腦「處理」。於是，我們將會因為看起來顯得不恰當、不合適的某個想法、某個反應、某個行為（以沒有人會注意到的部分做參考）而感到驚訝。每個人都會感到驚訝，資優者也會。

超意識透過大量的數據訊息大大豐富思維資源，這些數據訊息將被融入到對某個情境、某件事情的分析和理解中。然而，超意識將不可避免地啟動聯想網，並將產生無窮盡問題的樹狀結構，可能使得資優者與環境切斷聯繫，令他們走得很遠。

> 當我經過一棵樹時，這棵樹突然間吸引了我的注意力。一連串的問題被啟動：這真的是一棵樹嗎？為什麼它會在這裡？這棵樹有什麼功用？這些問題接連出現的速度以及無法控制它們出現的事實讓這一刻成了一種失控的狀態，讓我非常苦惱。
>
> 除了上述這些在我腦中蔓延並從各個方向拉扯我的大腦的問題外，其他問題也接踵而至：我為什麼提出這些問題？為什麼我不能只是經過這棵樹而沒看到它（大部分人會沒看

到）？我感覺自己在思維中不知所措，這是我真正感覺到的痛苦。

艾莉克絲是一名醫學生。她跟我說，為了自己不被侵襲，有時候她會試圖與這個世界隔離。走路時低著頭，強迫自己不去聽。而為了減弱自己的感受性，她開始在心中胡思亂想，甚至在家時，她經常故意將自己關在黑暗裡，就為了感受不到任何事物，讓自己的思維系統得到休息。

我還遇到了卡洛琳，她的經歷基本與上述相同，但更加有趣。她是廣告部門的經理。有一天，當她向一位重要顧客介紹一項廣告設計時，發現了一個不恰當的細節。當然，其他人都沒有注意到。起初她還能抑制自己，但她突然大笑起來，而且無法停止。在她面前的這位顧客感到非常困惑、惱火，最後還取消了合約……

## 刻板的思維

樹狀結構導致無限制的思維是需要得到控制的，以免超出可控制的範圍，也防止思維不停地朝極限躍進。但情緒的不斷干涉卻促進了這樣的紛亂，導致不安、焦慮。然而，要如何平息這種不間斷的思維呢？

對於資優者而言，解決辦法是運用各種方法試著控制。這會導致一種看起來比較刻板的大腦運作方式，有過於簡潔的傾向，沒有任何情緒組合。我們要明白，這是一種旨在自我保護的機制，為了設置使人放心的界限，為了給氾濫的思維確定範圍。於是，在說話時，在行為中，這些機制表現為數種形式：尋求絕對的精準度，尋求每個事物的精確意義，要關閉可能性轄域，要減少不明確的假設……在這種大腦運作方式的宣導下，資優者有時會因此成為無能為力的受害者。他可能看起來像個冷漠、自滿的人，說話專橫死板，盛氣淩人。而在這表面之下，是敏感、脆弱的資優者努力試圖掩蓋自己的脆弱和真正的人格。

## 為了讓自己是對的而不惜一切代價

馬克跟我說：「對我而言，知道誰是對的是很重要的事。在生活中，必然有兩種情況，對的和錯的。」

大部分的資優者生活在這種二分法中，好像他們的人生就仰賴於此，必須找出真實的情況。對他們而言，真實情況一定存在。

熱羅姆強調：「我們無法接受細微的差別。」

這句話很好地反映了，資優者需要表明「自己是對的」的強烈意望，或至少需要確定對方接受他的觀點是對的。還有一點，必須絕對堅信，如果事物是這種樣貌，那它們絕不能是別的樣貌。一切事物非黑即白，沒有灰色地帶，任何情感都不能避開這條不可改變的法則。而喜好也不行：我喜歡或我不喜歡，只有這兩種情況。

為什麼會這樣呢？因為細微的差別會向懷疑和選擇敞開大門，而這是資優者不惜一切代價想要避免的。他們不懂得如何選擇，有時候這被認為是弱點或人格上的不足。但資優者絕不是這樣。不過，如果事情沒有特別重要，與其「苦思惡想」去研究一切，將一切置於平衡狀態，準確地確定什麼是正確的選擇，還不如讓別人去做會更簡單，更讓人感到輕鬆。

## 絕不放棄

但在別的情況下，資優者是絕不會放棄的。然而，要是在這種情況下便很難繼續生活下去了，無論是對資優者還是對他人來說皆是如此。

資優者總是會一直尋找最小的論據、最小的缺點，找到最小的縫隙鑽進去，然後重新振作。他必須是對的，必須是他擁有決定權。無論如何，他都會質疑、削弱你們。當他感覺自己被侵犯時，會改變機制，成為侵犯者。你們能否想像討論迅速轉變為衝突、爭吵的情況？為了試圖讓資優者接受你們的觀點，你們可能會筋疲力盡，耗盡能量。你們一開始就是失敗者，無論你們提出什麼論據，重要的不是說了什麼，而是為了有理而有理。很可笑嗎？不完全是這樣。

如果我們明白，脆弱的資優者的行為有時比較刻板，他害怕質疑自己所相信的東西，因此他毫不退讓。這意味著他需要重新思考。而對於資優者來說，思考就意味著走入錯綜複雜、撲朔迷離的迷宮。那接下來要怎麼做呢？

你們還是現在就放棄吧！

## 「這麼說有什麼用？」

這是資優者經常說的話。談論某事物時必須有意義，否則為什麼要說，卻言之無物？至少在資優者眼裡看來是這樣。

談論某事物也就意味著分享各自的感想，提及某種感覺，談論自己，談談自己對於某個情境、某個事件或別人某個行為有什麼想法……這不一定有意義，至少不是資優者期待的意義。談話時需要有一個目的，一個確切的目標。實際上，這種反應表現出了資優者的某一種脆弱性：他害怕別人說的話中，包含有針對他來挑釁的內容，或你們正試圖在他身上找到一些缺點。因此，他處於防禦狀態。而在資優者理解中，「這麼說有什麼用」的意思就是：你是在責備我嗎？如果是的話，那你責備我什麼呢？是不是有什麼事我本來應該理解的或應該做的，而我沒有做到？你說的話裡是否有我沒有完全明白的內容？資優者這種大腦的運作方式有點讓人不知所措，而對方也會感覺被這些問題冒犯。對方認為，如果資優者覺得他說的話沒有什麼用，就意味著他的話很乏味，沒有價值，便感到受傷，於是出現了互相不理解的惡性循環。

根據交談雙方之間的關係不同，導致的結果也不一樣。夫妻之間，這會以無法擺脫的衝突結束。在職業關係中，一切取決於資優者的階級地位。如果他的地位高於對方，他會蔑視對方；而後者則會覺得自己的上級非常傲慢，非常冷酷無情。朋友之間則會互相疏遠；在親子之間，如果資優者是孩子，會被責備，因此受傷；如果是父母，便認為孩子質疑自己的權威，且過於蠻橫無理。但每一次的誤解雙方都會受到影響，也都會忍受著痛苦。

## 停止思考

當資優者的樹狀結構超出限度時，當他不知道是什麼，不知道如何思考時，當情緒強度讓他心跳加速、太陽穴快爆裂時，他會突然停止思考，突然思緒不集中。這會發生在任何地方、任何時候。有點像斷路器：在出現嚴重超載時，為了避免火災的發生，斷路器會自動斷電。資優者也是如此。他的大腦運作方式與此相同：當他無法忍受過重的負荷時，就會停止，這會表現在話說到一半時突然停止；眼神突然集中到某個無關緊要的細節；原本運動的身體突然僵住不動，或者離開討論現場……一切都可能發生。但資優者在當下並沒有意識到這些，一點都沒有。只有當你們把他「帶回」到現實中時，他才能意識到。當然你們的態度需要友好一些。資優者這種態度會讓身邊的人感到窘迫，使他們不舒服，因為他們不明白發生了什麼，也可能會生氣。

這種停止思考的情況也可能發生在智力和情緒方面比較平淡的情境，像是，感到無聊的時候。剛開始時，資優者還能保持連接狀態，這需要他付出一些能量。然後，就像我剛剛說的，透過思考或行為，要麼是呈現空白，要麼就逃離。

維爾日妮在躺椅上安靜地閱讀。她被閱讀深深吸引。突然，她一動也不動，兩眼放空。她的思緒肯定已經飄向遠方，很遙遠的地方。

米麗埃爾尖銳地討論，她不同意，試圖讓別人接受自己的觀點。不管怎樣，她知道她是對的。她的談話者「使她膨脹」（這是她的原話）。對她而言，那個人完全不明白這個問題。他的論據是偽造的。因此，在沒有提前通知對方的情況下，沒有意識到自身行為的米麗埃爾便起身離開，把憤怒的談話者目瞪口呆地留在原地。

## 不確定的生活

「空白」、「暫時不在場」、一切好像靜止的時刻、目光呆滯的時刻時不時地出現在資優者的日常生活裡，包括資優者自己一個人的時候。於是，他隨便做一些事，穿衣、洗澡、準備飯菜等。他停下來，一動不動，完全從周圍的現實中抽離，他的生活暫停。

上述現象與資優者大腦過度亢奮密切相關，資優者出於自我保護，在大腦活動過於強烈時，有時會完全切斷，任何東西都不再流通。這是一種非有即無的大腦運作方式。

## 生活或看自己生活？

我感覺自己從未完全處於接通的狀態。我在這兒，可同時，我看見我自己在這兒。例如，現在，就在我跟您說話時，我看見我自己正在和您說話，而且我在分析這個場景。

這是塞西爾在接受心理諮詢時說的話。但是弗朗索瓦、樊尚、保羅還有很多其他人也都跟我這麼描述過，所有人都有這種經歷。

發生了什麼事？資優者思維的樹狀結構使得資優者能夠同時在若干軸線上思考，能夠分散自己的注意力。

當人們需要同時關注多樣事物時，每個人都可能具有分散性的注意力，但這種分散性注意力在資優者身上有特殊的向度：「景深」。

資優者可以從二度思維方式過渡到三度思維方式。他們所經歷的事、主要的場景被置於透視視角下，並透過仰攝的方式進行觀察，好比一個攝影師在轉動鏡頭。然而，資優者也是導演，他觀察、分析，並可能修改某些參數。他會預計對方的反應，加快獲得結果的速度，猜測結果，明白意圖……並自我調整。

為什麼？仍是由於資優者強烈的控制和指揮需求，因為他們需要瞭解事物，不能允許自己被意外的情況弄得很狼狽，也出於害怕，害怕自己受到情緒影響，害怕感覺到自己很脆弱，及害怕讓別人看到自己的脆弱。但這是一種無意識行為，並非資優者有意識的策略，是大腦過度興奮所產生的副作用。資優者運用著這種大腦運作的方式，卻也為此感到痛苦。由於無法「完全」體會某種情景而不作分析，經常會使他們感到痛苦。而這種分析能力會不斷地辨識最小的細節。

## 不可能活在當下[13]

我生活中最大的一個問題，就是我總感覺自己在看電影，無法參與到我所經歷的事中。這是我感覺最糟糕的時刻。可是有時候，我會突然覺得，自己又與世界有了聯繫，有點飄飄然，感覺自己什麼都能做。於是，如果我無法做得更多，這會令我惱怒。

年輕的成年資優者奧利維耶準確地說出了一種矛盾現象，有時他感覺自己在生活之外，有時又覺得自己無所不能，自己的侷限或世界的侷限會令他沮喪。

對於資優者而言，完全處於當下，與自己的感覺和情緒同步，享受當下簡單的快樂，幾乎是不可能的任務。

哲學家所說的活在當下，是鼓勵人們充分利用自己在當下的經歷，但對資優者而言卻是無法做到的。資優者對所有自己經歷的時刻保留的元認知使他無法安靜地當一名演員，使他無法平靜地體會當下。他永遠都不只是演員，同時也是觀眾，甚至是自己人生的評論者，就像旁白。這令資優者感到疲乏，有時候會很痛苦，經常讓他們感到失望。

## 自我批評：對自己的看法

資優者也會對自己進行透視瞭解，他們首先觀察的對象是自己，並評價、判斷、評定。通常是消極的批評，因為資優者從來不覺得自己夠好，從來不認為自己有足夠的能力，從不覺得自己夠有競爭力。無論在什麼領域，他都很難喜歡自己，賞識自己。他覺得自己脆弱、對自己缺乏信心、總是害怕讓別人失望……憂心忡忡的成年資優者不停在尋找他人的承認和己身的價值，一刻都不得閒。為了讓自己安心，關於他自己，關於人生。這可能實現嗎？

## 能夠預感一切

這是資優者大腦運作方式的另一個結果。

相對於我所經歷的，我總是處於超前狀態。我無法在我經歷事物的時候，感受這些事物。好像我是在這些事情發生之前，就看著這些事情發生。我不時會感覺到我在等待。我已經知道了，很清楚情況會如何演變。我覺得很奇怪，因為別人好像對此一無所知。於是，有時我會改變方向，以防不愉快的結局發生。然後，我用消極的方式詮釋一切，所以我難以在我經歷的事物中獲得快樂，因為我總是設想一些災難場景，尤其和我女朋友在一起時。

不斷地預測，經常讓人憂慮，會導致彌散性的、持久的焦慮。這會讓人錯過人生中的一些快樂，讓人無法寧靜地生活——我們已經在前面，等著事情的發生。

安德莉亞以一種感人的方式說道：「我很少會說：這出乎我的意料之外！然而，我倒是希望獲得真正的意外！例如，在我的生日到來前，我就知道將會發生什麼事。於是，在我的腦海中，就像一次總彩排。我預感生日當天的各種小事件和細節，還有禮物，我看到我的反應，以及旁人的反應……但當事情真正發生時，永遠沒有比預料中的更好。」

在日常生活中，我們會發現這種預測帶來各種出人意料的後果。馬克斯在工作面試結束前就離開了，因為他已經知道這次的面試公司不會提供給他工作機會；瓦萊麗說：「好，我同意分開。」而她的丈夫才開口說話；當皮耶明白他的談話者對他的計畫不感興趣時，就換了話題……而布魯諾則羞愧地說：「跟我妻子在一起時，真是讓我痛苦。雖然我早就知道她要說什麼，但我不得不讓她把話說完。有幾次，因為我沒有意識到就打斷了她還沒有說完的觀點，可是我已經先回答了她！這讓她非常崩潰！」

是差距啊，差距……

## 向預感挑戰：不惜一切代價的享樂主義

這是出乎意料的抵禦方式，資優者對自己生活無盡的分析感到筋疲力盡時，會啟動這種自我保護的回應方式。無休止的分析使得他無法獲得很多快樂，於是他選擇了享樂主義，可以讓他不再「苦思惡想」。為了快樂而快樂，僅此而已。

在男性資優者關於性的描述裡，我們可以發現上述現象。資優者害怕自己無法滿足對方的期待，害怕讓對方失望，害怕發現對方其實不快樂，害怕投入感情，害怕必須談論自己……這些害怕使得某些資優者尋求與他人之間轉瞬即逝的快樂。

花錢讓自己快樂，我們能夠控制這種快樂且不需要任何回報。這是一種逃避情感的方式，也是溫柔的幻覺，讓人放鬆。因為這是一種選擇，能夠讓我們避開具有抑制作用的預感陷阱。

過度投入身體上的快樂，也可以在其他情況下出現。唯一的目標是感覺自己還活著，真正地活著，能夠在自己身上感覺到渾然天成的快樂，並且不因為分析和思考而有絲毫減弱。

弗洛朗斯選擇了高空彈跳：「我沒有思考的時間、提問的時間，就直接跳下去，突然間，各種感覺迸發出來，真是前所未有的輕鬆。」

1：譯者註：勒內・夏爾，一九〇七～一九八八，法國當代著名詩人。代表作有：《沒有主人的錘子》、《伊普諾斯的書頁》、《憤怒與神祕》、《水中的太陽》等。

2：譯者註：拉封丹，一六二一～一六九五，法國古典文學的代表作家之一，著名的寓言詩人。他的作品經後人整理為《拉封丹寓言》（*LA FONTAINE FABLES*）。

3：作者註：塞爾日・勒波維奇（S. Lebovici），《資優兒童的心理病理學未來》（*L'avenir psycho pathologique de l'enfant surdoué*），《兒童神經精神病學雜誌》（*Revue de neuropsychiatrie infantile*），一九六〇年。

4：作者註：《我是如何變笨的》（*Comment je suis devenu stupide* ），馬丁・佩吉（Martin Page）著，二〇〇〇年，Le Dilettante 出版社。

5：作者註：出自強納森・薩佛蘭・佛爾（Jonathan Safran Foer），《心靈鑰匙》（*Extremely Loud & Incredibly Close*），法語版譯本。

6：同4。

7：譯者註：活動亢進，法語原文是 hyperactivié，也用來表示兒童的多動症。

8：譯者註：指活動過度，活動亢進，為了與也能夠表示兒童多動症的 hyperactivité 區隔。

9：同6。

10：譯者註：出自妙莉葉・芭貝里（Muriel Barbery），《刺蝟的優雅》（*L'elegance du herisson*），本段譯文源於南京大學出版社的版本。

11：同10。

12：編註：安東尼・聖修伯里（Antoine de Saint-Exupéry），《小王子》（*Le Petit Prince*），本段譯文出自外國文學出版社的版本。

13：作者註：Carpe diem，拉丁語，出自賀拉斯（Horace）的詩歌，通常被翻譯為「活在當下」或「把握今朝」。

## *Chapter 7*

# 女性資優者

你知道，作為女性資優者可不是那麼簡單的……

女性資優者有一些特殊情況。首先來看她們的成長軌跡。我們知道，在兒童時期，小女孩的適應能力比男孩強，她們更容易接受「遊戲規則」，尤其在學校時。女孩能夠做到符合規則，但是這種適應性也需要她們付出很多努力，這是一種適應策略，不是天生的能力。對她們而言，有時候也很難忍受或難以接受自己的與眾不同，她們努力克制自己以符合別人對她們的期待，可是這樣要付出何種代價？

當負荷過重、壓力過大時，麻煩和問題會在青少年時期突然猛烈出現。這時候就更難幫助她們，因為這種痛苦是原來積累並且已經凝結，她們的痛苦被抑制，甚至根深蒂固。

麻煩和問題在青少年時期如果沒有迸發，年輕的資優女孩長大成人，心中的疑問仍未找到答案，特別是一直感覺到自己總是與他人脫節且與眾不同。她的一生可能一直在適應、質疑自己，在自己身上尋找自身問題的原因。不過，她幾乎找不到答案，真實的人生與自己特別期望的人生總是「有落差」。她不明白其中原由。女性資優者總是孤單一人，因為她特殊的智力將她與他人隔離，比男性資優者還要明顯。她的極端敏感性讓人很難保護她，而男性、其他人可能會因此感到害怕。

「我討厭感覺到自己會讓別人害怕，尤其是因為我不是故意這麼做，而且我也沒有意識到這點。通常人們跟我說，當他們第一次遇到我時，我就讓他們感到害怕。我沒有意識到這點，不是我故意的。我原本的感覺是做真正的自己，自然的我，就像往常一樣！」

四十七歲的莫妮克因為這種狀態而感到萬分痛苦。她經營一家小企業，但很難控制自己表現出來的形象。她跟我說道，讓她感到最痛苦的是，她很喜歡別人，但卻發現這種喜歡不是相互的。她繼續說道：「當人們看到我時，要麼他們馬上喜歡我，要麼永遠討厭我。」

在她和男性的關係中，過程總是一樣的。她讓人害怕，儘管她竭盡所能讓自己符合她認為應該成為的樣子。

如今，她和丈夫結婚已經二十年，夫妻關係也很穩定。她說：「那是因為我又發現了一個和自己一樣的『外星人』。實際上，我在結婚之後很久才發現我先生也是資優者。然而，他大腦運作的方式與我的完全不同。我性格極為外向，而他比較穩重、深思熟慮。有時候這讓我惱火，難以忍受，因為我一直覺得，我才是我們夫妻關係的驅動器，應該由我做決定。但是，我不得不坦白說，多虧他，事情才能得到解決，一切才能井然有序，我們的生活才不至於亂成一團。我先生作為資優者的方式讓我們的夫妻關係更加穩定，讓有不同特點的兩個人互相理解，一起生活……當然，我們也有相似之處，有讓人無法相信的默契。」

## 女性資優者很容易讓別人害怕

她們對於這個世界的看法、分析其他人的方式、散發出來的自信，以及認為自己懂得非常多，這些都令男性害怕，也令女性害怕。她們看起來專橫、無法接近、肯定自己、為自己感到驕傲，尤其是非常冷漠，沒有什麼感情。但她們顯然絕不是這樣的，而且事實正好相反。然而，她們的「面罩」卻讓別人誤解，她們的保護殼將她們和其他人隔開。在她們偽裝的外表背後，是強烈的孤獨感。她們非常需要被愛，非常需要自己被保護的感覺。她們必須在生活的各個時刻隱藏自己的過度敏感和情感，使自己不被情緒控制。

# 作為資優母親

在這種情況下，一切都攪在一起，變得混亂。一方面，作為資優母親（並且她的孩子也是資優者），她需要理解並適應孩子，有時候是沒有言語的對話，以一種完全憑直覺、非常親密的方式。但是這種情況很快就轉變為陷阱，對於母親和孩子都是如此。

對母親來說，如果她不知道自己是資優者，那麼她的孩子就是正常的，意思是說，所有孩子跟自己的孩子都一樣。如果身邊某個人發現她孩子的一些特點，比如特別活潑、充滿好奇心、早熟等，她會感到驚訝，不明白這有什麼不同。但當這個孩子上學時，就會發現一些端倪。根據在學校裡發生的事、迎接他的老師、課堂教學等情況的不同，孩子的特點可能一下子變得非常明顯且令人厭煩，或也可能被大家接受。對此，幾乎沒有評判標準：

**孩子被認為是奇怪的、古怪的或不能適應環境的**。學校不明白他的行為為什麼與別的孩子不同，為什麼不能像其他孩子一樣乖乖遵守規章制度，為什麼他感興趣的事物與其他孩子不同，為什麼他無法像其他孩子一樣進入框架。很快地，父母就被告知相關情況，於是他們開始不停地進行心理諮詢。

父母會感覺責任在自己身上。孩子和家人往往需要忍受多年，然後某天，孩子被診斷為資優者。或者，在最悲觀的情況下，孩子表現出了一些障礙，而大家也不明白這些障礙的原因，於是孩子就處於一種無名的、沒有出路的苦惱與絕望中。

**最有利的情況是，孩子被認為是班級的領導，具有正面形象。**他快速的理解力、豐富的詞彙、對新知識的反應能力等都得到老師賞識。被看重的小資優者也因此在這樣的學校環境中，得以充分施展其才能。

這裡我說的只是剛開始的一段時間，而前途漫漫，儘管他能夠很容易地融入他人，但一切也可能突然發生轉變。這是資優母親沒有預料到的，尤其是當孩子是男孩時。因為資優母親小時候的學校經歷並非如此。在還是小女孩的時候，她的適應能力遠高於資優男孩，她通常能夠接受學校系統的規則並取得成功。有時候有極優秀的表現，她可以「做到」這些。儘管她不快樂，也不理解這一切的意義。她所理解的，是人們對她寄予厚望，她的成功能讓父母感到驕傲。

對她而言，成功是日常生活的一部分。也正因為自己的成功，她能夠得到父母的愛以及身邊人的賞識。並不是說她就要固執地追求成功，而是這樣讓人欣慰，讓她滿足。因此，面對自己處於困境中並遭受失敗的兒子，這位資優母親是無法理解的。她失去方向，不知所措。她試圖幫助自己的孩子度過難關，但卻於事無補，她過去曾用過的任何方法和訣竅都好像行不通。於是，她驚慌失措，不知該怎麼辦才好。她認為，唯一要責備的人就是她自己，她是個壞母親，就是這樣，她搞砸了孩子的教育。

當這位不知所措的母親去尋求幫助，但心理師通常反倒加深她的罪惡感，並建議她自己先接受治療。這是多麼恐怖的建議！如果她的孩子出了問題，肯定是因為她出了問題。而如果她好了，她的孩子也會好的。那些過時的心理學規則就是這麼認為。很不幸地，這些規則在法國仍然肆虐橫行……兜了一圈又回到原點：資優母親和孩子都出現很嚴重的問題。如果父親、身邊的人、某個專業人士不阻止這個過程，母親和孩子將會陷入莫可名狀的困境中。

資優母親們，動起來吧！是的，你們孩子和你們一樣！是的，孩子需要你們！是的，你們可以陪伴他！但有一個條件：要理解並接受他是特殊的，而且你們也是特殊的。所以你們也可以和他一起前進，用有力的手牽著他走向美麗人生。

你們要相信你們可以做得到，你們身上具備一切的資源。重要的是，堅持你們對孩子的理解：你們是對的。即使你們的意見與身旁的人們不同，尤其是學校甚至是心理師，你們需要知道，你們才是最理解自己孩子及其需求的人。抵抗、行動、向前衝，不要讓自己被那些嚇唬你們、讓你們懷疑自己信念的人所影響。我知道你們害怕，甚至非常害怕，害怕自己搞錯犯錯，害怕自己做出了錯誤的選擇。

害怕很正常，但你們必須運用這種害怕來調動你們所有的力量。我們永遠不能忘記，在教育中，零風險是不存在的。重要的是做決定，而這個決定必然會包含風險。無論我們為自己的孩子做了什麼選擇，其中都會有一部分的風險。因此，面對一個決定，重點是評估決定中所包含風險的「重量」。天秤並不總是朝預期的方向傾倒……

在母親的生活中，做最後決定的重責大任有時會落到她的身上，這也是她的責任。她需要冷靜以對，給自己犯錯的權利。替資優者做選擇是一種考驗，而對於面對自己孩子的資優母親來說則是一種折磨。我知道，你們最終會讓你們的害怕成為自己的盟友。等著看吧，這會改變一切的！

# 資優女性不顧一切地尋找男性

有一天，我媽跟我說：「你從小時候開始就非常有天分，非常聰明，但這只會給你製造麻煩。」

這是一位不具名成年女性資優者寫給我的信，她想知道是否因為這樣，她才難以幸福。

女性資優者有很大的兩難境地。你們也許會說，怎麼又有一個兩難境地？這種困境在愛情關係中非常明顯：一個人是否可以既是女性又聰明，有既醜陋又不怎麼性感的危險？你們知道，這大概是金髮女郎的經歷……那告訴我們，如果一個人很漂亮，就一定不聰明，反之亦然。你們知道為什麼嗎？因為高智力會讓人感到害怕！尤其會讓男性害怕，讓聰明的男性，甚至是非常聰明的男性害怕。事實上，智力總是伴隨著針對自己或他人的批評意識，會一直去質疑。當一位男性和一位太聰明的女性在一起時，他會害怕自己達不到對方的高度，害怕他的弱點被揭穿，害怕自己的脆弱被發現。很少有男性願意接受這種挑戰，因為他們對自己沒有多大的信心。

即使在二十一世紀，男性仍然需要覺得自己很厲害，需要感覺自己仍然處於支配地位，並且能夠保護身邊的人，需要感覺自己總是處於超前狀態。這並不是為了給他人帶來煩惱，也不是對穴居時代的懷念，僅僅是因為他自己也害怕，而且是非常地害怕。

女性資優者的挑戰就變成了：脫離自己被分配的角色，即為當個溫柔體貼、順從、聽話的女子，並保持對男性有「吸引力」的角色。保持自己真實的樣子，保持自己吸引男性的能力，而不讓自己試圖吸引的男性逃跑。這並不簡單，因為男性會逃得很快。即使是那些愛得發狂的男性，在這樣的女性面前，也會失去方向，不知所措。如果他們在一起，他會試圖讓她進入他的框架，並控制她，讓他自己放心。這樣還會出現另一個困難：女方本身也會非常害怕。因為她是資優者，你們還記得嗎？她會不可避免地懷疑，懷疑自己，懷疑自己的價值，懷疑自己是否是個有趣的人，懷疑自己的外貌，懷疑自己說的話。她感覺自己非常渺小、非常無能、非常愚蠢。你們意識到了嗎，這是誤解。

而她的超強易感性也讓人無法忍受。她能捕捉一切，包括最細微的情緒，她能感知很多情緒。於是，她試著疏通、克制，以免自己被情緒吞噬和控制。這可能被認為是一種距離感，一種冷漠，缺少同情心。這太過分了！然而，這些情況經常發生。

# 「我很聰明？開玩笑吧！」

這是我們在進行心理檢查時經常聽到的句子。女性比男性更難相信自己很聰明。這幾乎是一種謊言，她不覺得自己很聰明。

當我們和一位母親（她的孩子剛剛被診斷為資優者）談話時，會突然發生令人驚訝的事。我們經常聽到：「這肯定不是從我這裡遺傳的！肯定是我丈夫！」給予女性資優者的陪伴與安慰，會讓她們重新適應真正的自己，但這是漫長且艱難的，她們對此十分抗拒。

身為資優者，這種身分所意味的所有事情，這種身分可能質疑或再次質疑的一切，都讓她們非常害怕，而且這樣的情況比男性要嚴重得多。女性接受自己的真正身分需要勇氣和耐心，而這對於她還有她的人生、對於觀察到這種變化的治療師而言，都是非常奇妙的事。這真的是一種內心的變化，會影響外表，甚至是身體或相貌。各個年齡的女性資優者，在接受了自己後都會產生一些容貌的變化：更加快樂、外向，也更加愛笑。內心的美重新體現在外表。這些變化是非常讓人開心的。所有人都注意到了這點，這種積極的變化對自我認識具有一種催化劑的效果，推動並加強了自我認識。

女性和智力之間的關係有一種事與願違的結果，就是少有女性會接受測試。如果自己是資優者的想法無法在自己的腦海閃現，為什麼還要進行心理檢查？然而，女性資優者非常會質疑自己，對自己提出很多關於自己和世界的問題，因此在她們內心深處，總是感覺到一種無法理解的差距，但她們對此卻緘默不語。

## 細小卻重要的個人看法

在寫這本書時，我重新閱讀了這些年收到的所有信件，經常會有一些令人震驚的言詞、求救信、關於自己痛苦不幸或無法解決的難題的描述。這些信件通常很長，非常詳盡、真誠、真實。而令我驚訝的是：四分之三的信件都是女性寫的。是因為男性的羞恥心，還是因為女性比較坦誠？應該兩者都有吧。

但還有其他原因：在兒童的心理諮詢中，我們發現男孩子數量較多。他們的障礙更明顯，更讓人煩心。他們經常讓身邊的人擔心，而女孩子則默默地適應，卻付出了龐大的代價。她們的目的是讓他人高興，為了符合父母和老師的期待，為了讓自己被愛。然而，在成年階段，誰來接受心理諮詢？誰願意質疑自己？誰會向自己提問，並思考自己的人生？誰能夠敞開心扉，並說出內心最深處的傷痛？當然是女性。她們是心理師最主要的成年患者！

# Chapter 8

# 夫妻：物以類聚，人以群分？

成年資優者的朋友通常也是資優者！是的，就像學校操場上互相吸引的小夥伴。當雙方父母意識到他們的孩子都是資優者時，他們感到非常驚訝。這是人格中的常量，首先被與自己大腦運作方式相同的人所吸引，進而依戀此人。這並不是說我們都是一樣的，而是我們可以發自內心地互相理解，在對方身上也能感覺到在自己身上可以感覺到的對生活的敏感、對世界的易感以及一種無聲的理解。

一種「奇怪的熟悉感」將他們聯繫在一起……

英格麗德回憶道：「當我遇到大衛時，好像有一種似曾相識的感覺……突然，我好像中了魔法一般，我不再需要掩蓋我的敏感性和我對事物及他人的感知。他能夠理解我。而我也感覺認識他很久了。這讓人有一種安心、平靜的感覺！」

## 資優夫妻呢？

對此沒有任何研究。只有一些臨床實踐讓我們觀察到「相同」的大腦運作方式，也會促使資優夫妻的形成。和別對夫妻一樣，我們總是會被感覺能夠理解我們、能夠愛我們真實模樣（而非我們表現出來的樣子）的人所吸引。我們認為，這個人能夠感知到我們試圖隱藏的東西，能夠看到我們人格的豐富性，儘管我們的行為能夠適應社會，儘管我們的成功得到承認，儘管我們為了更好地保護自己而採取了一些誘惑手段。在這些偽裝手段中，幽默、嘲諷、巧妙的回答、外向人格等都可能成為最明顯的外在跡象，只有能夠辨識出他們是資優者的內行，或資優者才能感覺到這種跡象。

但是，我們也可以發現一些陰暗的、內向的、愛發牢騷的、愛抱怨的人，他們總是認為這個世界運轉不正常，任何人對這個世界都一無所知。害怕這個世界複雜性的人通常都沉默寡言，看這個世界時帶著挖苦的觀點。大多數人認為，人生並不艱難，而資優者卻害怕這樣的人生，對於他們而言，每一步都是一次考驗。

在這兩種極端之間，各種組合都是可能的：一位有創造能力的、性格外向的人，被一位意識到自己行為，並為了與這個世界和諧相處而疏通自身智力的資優者所吸引；一位焦慮易激動的超級敏感者希望在一位踏實的、對環境有適應性的、具非凡魅力的資優者身上，找到讓自己平衡而必不可少的安慰與鼓勵。這位踏實的資優者在那位脆弱的資優者身上，找到了對自己作為領導者優點的承認。

有一點是確定的：我們遇到很多資優夫妻，他們的性格特點互相疊合或互補。而我們是怎麼知道的呢？當我們遇到一名成年人，會開始對該患者進行心理檢查，接著進行治療，其配偶會很快提出疑問。患者（無論男女）也會自問（正面或負面）關於其配偶的相關情況。

四十歲的莎拉最近才被診斷出來是一名成年資優者，她承認之所以選擇自己的丈夫，是因為只有他能夠從她手上逃脫。他是唯一能夠抵抗住她誘惑的男性，她用盡所有誘惑手段才說服他。

之後，她透過自己發達的移情能力感知到自己未來丈夫能夠感知的事物，感知到他對她的期待，於是她按照他所喜歡的樣子構建自己的人格。如此，他也能夠自豪地在因工作需要而必須去的社交晚會上介紹這位友好、漂亮的金髮女子，溫順，也沒有專職的工作。

莎拉根據自己的計畫，取得了真正的成功，她丈夫也間接從中獲益。然後，像所有資優者一樣，由於家庭因素沒有上過學的莎拉當然有種自卑感。她覺得自己非常愚蠢、不聰明，並認為正因為如此，她和別人在一起時會很快感覺無聊。她想，當然了，因為自己對此一無所知！

在診斷為資優者後，莎拉意識到自己是資優者，她突然醒悟，就好像籠罩著的薄紗被撕去：她的丈夫並不是「這麼聰明」，而且一點也不尊重她。這個男人以自我為中心，漠視這位「花瓶」妻子的需求（莎拉這麼說她自己），他和這樣一位附屬自己的妻子過著平淡的生活。這是面對診斷結果的難題之一：可能質疑之前做的選擇。

對於莎拉，這讓她明白了，因為極度缺乏自信，自己的智力被抑制，而導致了對自己的致命誤解。她需要得到保護並做好一切準備，使得自己假定的智力缺陷被自己的外表，以及她極度忠實的丈夫的成功所掩蓋……莎拉正在接受治療，我還不知道最後的情況。

診斷為資優者對莎拉而言是可悲的，因為她如今十分瞭解自己的丈夫，且不喜歡自己看到的真實情況。尤其是，她的丈夫只能接受妻子表現出些許對於尋求自我發展的意願，只能允許她為了自己以另外的方式生活，只能允許她成為聰明的、敏感的和有文化的女性。

然而，莎拉試圖讓自己的丈夫瞭解一些事，但他聽不進去，並且突然感覺和自己的妻子有了競爭。他無法接受她可能比他更有天分的事實，無法接受她的知識量比他多，無法接受她的理解比他的理解更為確切。於是，現在擔心害怕的是他，也因此變得好勝心很重，因為他感覺自己比妻子低一等，這對他而言是一件危險的事。可這完全不是莎拉所關心的，她希望嘗試不可能的事：向丈夫解釋他要如何可以換一種方式思考……

## 知不知道自己是資優者，對於夫妻是危險還是有利？

莎拉的經歷是一種假設，認為夫妻雙方其中一人的診斷和治療可以去除剛開始的誤解，並得出哪些機制使得這兩人結合在一起。夫妻需要重新思考。

在其他經常出現的情況下，患者意識到，自己的另一半也肯定是資優者。他越瞭解自己，就越能更好地瞭解對方。透過對自己的瞭解，他將獲得瞭解對方人格的關鍵因素，如此便可以加強雙方的關係，並能夠更好發揮互補的作用。兩個資優者既相同，又不相同，而對這種兩極化的瞭解打開了互相促進的新道路。有時候，這將最終導致夫妻的治療，但更經常發生的情況是，患者自己很容易就成了對方的治療師。還有些時候，在進行了幾次心理諮詢後，當我們剛開始理清思路時，患者夫婦會一起根據心理檢查結果以及治療師給出的方案繼續治療！

**我的觀點？**

當人們「知道」自己是資優者時，發生變化的是他能夠清楚地明白作為自己當下生活基礎的一些機制。這些機制推動資優者做出職業、個人、家庭和情感等方面的選擇。此時，資優者便具有了一種新的力量，這種力量非常強大。因為對生活有了新的理解，資優者可以做出明晰和理智的選擇。在這些選擇中包括：重新選擇和自己一起生活的人。這對於夫妻的未來而言，是一種充滿財富的、充滿希望的動力。

資優者會分析：我出於某個原因愛上了你，並選擇了你，而現在我明白了這些原因。於是，我現在決定和你一起生活。明確的和不言明的原因可以多種多樣，並在這對新夫妻之間新的交流和生活中具有重要作用。這對夫妻因為這種「重新考慮」的關係緊緊聯繫在一起，而這種關係是相當成熟的（我是否可以說「成人的」？）。

## 資優者＋資優者＝幸福的夫妻？或註定要分離？

沒有這麼簡單！一切取決於雙方的人格、各自的經歷和過去。如果雙方立即知道或在中途逐漸發現對方的特點，夫妻關係就很難組建。根據誰首先發現這點以及發生在人生的哪個時刻，對夫妻造成的影響都會不同。你們應該能明白，因為這涉及很多因素。然後，就像所有夫妻一樣，大腦運作方式的相似是有利的一面。這些相似點能夠促進雙方可以更好溝通，並促進互相理解。這是毫無疑問的。

## 分離？

不是這樣。因為安全在一起、夫妻關係像寧靜的小島（在這裡彼此可以有歸屬感，可以不使用言語進行交流，可以互相理解而不需要解釋），能夠加強雙方的平衡。對自我的肯定會在夫妻內部慢慢穩固，變得更加強烈，從而迎接外界、其他人以及世界的挑戰。認為資優夫妻無法適應世界的想法與現實不符。夫妻關係就像堅實的基礎，我們可以安靜地離它遠去，也可以回到它身邊重新恢復力量。

馬克和卡洛琳，結婚十三年，說道：「當大女兒被診斷為資優者時，我們才得知，或更確切地說，我們才明白我們兩個也是資優者。我們其他孩子也被檢測為資優者，我們意識到自己身上這種奇怪的人格都遺傳給了孩子。於是我們決定冒險，也去做了測試。在此之前，一直都沒有發現我們與其他夫妻之間的差別，因為……我們是一樣的。對於我們而言，我們的特殊性是『正常的』，並沒有其他可供參考。得知診斷結果後，我們重新回顧了我們的相遇以及生活經歷，並且明白了之前一直都忽視的層面。這增強了我們之間的親密度，並使得我們能夠更加深入地瞭解對方。如今，我們覺得我們能夠更好地陪伴孩子了。」

# *Chapter 9*

# 一切順利的資優者？

寫這一章時，我覺得比較愉快愜意。

的確，我在前面幾章過多強調資優者遇到的困難，但這是不可避免的。如果我們的目標是為了改變人們對這些特殊人格的看法，並承認接受資優者大腦運作方式的特殊性是非常必要的，那麼首先就應該瞭解清楚他們到底是什麼樣的人，他們的與眾不同表現在哪些方面。只有這樣，才能幫助他們更好地生活，更好地適應社會；只有這樣，才能改變人們對資優者的錯誤看法。但有鑑於我們之前已經談了資優者人格中很多脆弱之處，現在可以來瞭解一下，那些一切都非常順利的資優者的人生經歷，並瞭解為何某些資優者能夠構建比較堅固並穩定的形象，以及他們能夠擁有順利人生的原因。

當然，對於這些一切順利的成年資優者，人們所知甚少。因為他們不接受心理諮詢，他們對自己的生活感到滿意，他們做什麼都能輕易成功。我們現在瞭解比較多的，是那些在自信的狀態下成長的兒童，以及那些充滿活力和熱情的青少年。我向你們保證，這樣的人真的存在，而且他們的人格真的討人喜歡，並具有難以置信的生命力。

對於他們而言，成功的人生唾手可得。經驗表明，我們在他們的人生經歷中發現了一些常見情況、一些重要的支柱性因素。對這些必須要有所瞭解。如此，對父母而言，可以更好地陪伴自己的孩子；對於成年人而言，可以從中發現一些自己過去的痕跡。

## 可能成為幸福成年人的資優兒童成長過程

我接下來要寫的內容可能與事實不符，並且誇張、不太可能發生。只是一種假設，不是真的人生，不可能是，也不應該如此。永遠不要期望自己成為完美的父母，這可能造成孩子的病態現象。但需要根據自己的真實情況，竭盡所能把事情做到最好。

人格應在會出現一些錯誤與失敗的狀態下構建，而非在不真實、被過度保護的世界裡構築。

透過這種想像出來的成長過程，我希望的是得出一些重要的關鍵因素，得出這位小資優者為了變強、變得自信以獨自面對競爭殘酷的環境所需要的關鍵因素。你們會看到，這其實非常簡單，就是一些常識，加上對一些看起來無足輕重的因素予以關注。只不過，這些因素對資優者來說並非無足輕重。

## 為了理解資優者混亂的成長經歷，並找到一條暢通的道路而需要瞭解的資料表

這個表格只是為了分析一些趨勢，因此並不全面，也不排除其他因素，就像一個幫助記憶的資料，指出了一些對認識自我最常見、最不利的因素，也指出了能夠打開一些新視角的關鍵（參見317頁至321頁表格）。

## 認識自我是無法迴避的挑戰

一切都圍繞自我形象展開。這是一個基本點，決定著所有其他的因素。這是最重要的資訊。如果自我形象是正面的，那麼一切皆有可能，但要是自我形象被傷害，如果對自己失去信心，或者，更糟糕的是，如果出現自我認識異常，一切就會變得更加艱難。

| | |
|---|---|
| 兒童時期可能出現的狀況 | • 長期學業困難 |
| 對自我構建造成的影響 | • 無能感<br>• 害怕未來<br>• 嚴重的自我認知障礙 |
| 給成年階段造成的影響 | • 職業定向失敗<br>• 對生活不滿意<br>• 空虛感<br>• 認為自己總是沒有別人聰明 |
| 如何改變？ | • 重新馴化自己的思維和智力<br>• 需要明白與眾不同的智力可能讓人以為是無能<br>• 接受這種形式的智力是無與倫比的財富 |
| 期待 | • 借助智力給予的潛力，開始新的生活<br>• 修改或重新給自己的職業選擇方向<br>• 應該因為自己聰明而高興，並充分利用這點 |

| | | |
|---|---|---|
| 兒童時期可能出現的狀況 | • 反覆的不理解（不理解他人以及無法被理解） | • 身邊人的過度期待 |
| 對自我構建造成的影響 | • 持續的不協調感、差異感、奇怪感<br>• 不斷嘗試希望被接受，但總是失敗，使得資優者更加確認自己無法被接受<br>• 被深深的差異感擾亂了自己 | • 為了掩蓋自己的脆弱性，以及擔心自己無法像別人對自己的期待那樣成功，而過分放大自我<br>• 面對一切智力任務時，有著嚴重的焦慮<br>• 自我構建的混亂 |
| 給成年階段造成的影響 | • 無法適應社會<br>• 心灰意冷，阻礙了對生命有衝勁<br>• 認為只能依靠自己<br>• 無聊感，甚至感覺生活悲苦 | • 假我人格，追求強迫性的成功而筋疲力盡，或者焦慮抑制，阻礙自己前進 |
| 如何改變？ | • 在這種差距中汲取別人無法觸及的資源：距離使得資優者可以具有新的、有創造力的理解能力 | • 重新思考自我形象的平衡：自己的優勢以及侷限，並接受它們 |
| 期待 | • 充實自己對世界的理解，並為自己、他人和環境從中得到各種益處<br>• 為自己的職業活動和家庭關係謀劃<br>• 與眾不同，以不同的方式理解問題，以不同的方式感覺能夠造就具有創造潛力和巨大影響的人格，充分利用這點 | • 找到自己的正確位置，瞭解自己人生中有哪些值得賞識，哪些想要改變。可以重新恢復生活的動力。人生經歷再也不需要被迫成功（當然，這不會阻礙成功！） |

| | | |
|---|---|---|
| 兒童時期可能出現的狀況 | • 反覆的不公平感 | • 被社會排斥（被他人排斥） |
| 對自我構建造成的影響 | • 對別人失去信任<br>• 無法理解這個世界<br>• 內心孤獨 | • 身分認同過程中遇到困難：孤獨一人自我構建，有一種無法理解的差異感<br>• 害怕他人，害怕和別人在一起<br>• 孤獨感<br>• 認為自己不會被愛 |
| 給成年階段造成的影響 | • 對他人採取防禦態度<br>• 以自我為中心或過度的利他主義<br>• 大腦運作僵化 | • 與社會隔絕<br>• 難以與他人建立關係<br>• 害怕他人，甚至是極端的社會恐懼症 |
| 如何改變？ | • 很難解決，因為不公平是事實。只能是接受這種現實。若可能，就與之鬥爭 | • 學著重視自己，包括優勢和侷限，從而更好地感受與他人的關係<br>• 試著與別人建立關係，從而意識到我們不僅能夠處理好這種關係，還能夠從中得到分享的快樂 |
| 期待 | • 希望向他人、向世界敞開心扉，希望能夠與那些認為應該和不公正鬥爭的人分享 | • 與別人真實的關係，這種關係擺脫了沉重的社會義務<br>• 可以擁有真正的朋友，可以與之自由自在地分享 |

| | | |
|---|---|---|
| 兒童時期可能出現的狀況 | • 敏感性被抑制<br>• 被抑制的情緒 | • 各種嘲笑、諷刺 |
| 對自我構建造成的影響 | • 為了不斷嘗試抑制自己的情緒而採取刻板的防禦方式<br>• 丟棄了自己的根本 | • 心靈和自我受傷害<br>• 過度易怒可能削弱身分認同感<br>• 對自我形象的痛苦攻擊：內心感覺自己被排斥 |
| 給成年階段造成的影響 | • 失去人格的活力<br>• 冷漠、與他人產生距離、高傲甚至專橫的性格<br>• 過度理智化，分析一切，不再以真實、本能的方式感受事物 | • 無法控制去挑釁<br>• 證明及自我證明的需求<br>• 生活的能量 |
| 如何改變？ | • 重新找回自己的情感，將其融到自己的大腦運作方式中，不要害怕<br>• 瞭解自己情感的豐富性，以及這些情感可以為我們的平衡和幸福帶來的一切 | • 區分自己解讀的內容以及被說出來的內容。需要明白易怒的脾氣會因為害怕不被愛而惡化。覺得自己好像經歷過某件事，但事實上是未經歷過 |
| 期待 | • 更加溫順、暢快、熱情的人格<br>• 為自己和他人服務的敏感性<br>• 創造力、想像力，重新找回的移情能力，以及和身邊人真誠、熱烈的關係<br>• 能夠充實自己的愛情關係 | • 能夠考慮事物，能夠接受他人和自己的侷限性，從而加強自己的社會關係並充分肯定過去的時光<br>• 自嘲自己易怒的脾氣會討人喜歡 |

| | |
|---|---|
| 兒童時期可能出現的狀況 | • 借助自己的高智力不斷進行分析 |
| 對自我構建造成的影響 | • 害怕這種任何事物都無法逃脫的超量生活<br>• 害怕自己的理解力超過自己可以透過情感控制的水準<br>• 害怕自己是唯一能夠理解的人，且不知道該怎麼辦<br>• 擾亂自我感知的痛苦 |
| 給成年階段造成的影響 | • 人格的冷漠<br>• 與他人的關係產生距離<br>• 在與他人的關係中缺乏真誠<br>• 人格分裂 |
| 如何改變？ | • 重新與自己的情感建立聯繫，從而接近自我<br>• 接受自己的情緒是一種思考的力量，而不僅僅是可能具有毀滅性的激流 |
| 期待 | • 如果我們很好地利用了智力的兩面，智力將會是幸福：認知面和情感面<br>• 做一個聰明的人具有巨大的生活可能性以及快樂 |

### 1. 為了形成穩固的自我形象需要寬容的環境

在成長過程中，穩固的自我形象的形成以及自信的培養，必須以寬容的環境為前提，需要一種情感環境，能夠理解並接受這種我們稱之為「脆弱的力量」的人格特殊性，需要在明白「重視、鼓勵以及心理滿足的重要性」的家庭環境中成長。年輕的資優者需要在自己所愛之人的眼中，感覺到驕傲感，這種需求是他個人成長的養分。資優兒童需要經常接受「澆灌」，我說的是愛的澆灌，以讓他放心的話語進行澆灌，因為他對於世界的敏銳性總是伴隨著持續的、有時候甚至是痛苦的自我批評。資優者因為能夠感知到自身的缺點和侷限，所以無法感覺自己高人一等。他之所以看起來傲慢、自負，是為了試圖不讓別人看到自己的脆弱，我們永遠不要忘記這點。資優兒童的大腦運作首先靠的是心和情緒，然後才是自己的理性、智力。我們可以也必須透過情感幫助資優兒童，讓他感覺到他能與自己和諧相處。這是最重要的關鍵因素。

### 2. 情感穩定的重要性

資優兒童需要情感穩定。他會迅速為他人的煩惱、他人的創傷感到擔憂。資優者認為，自己應該承擔責任並努力安撫身邊人。資優者的家庭越穩定、越平衡，他的自戀發展和個人發展就越簡單。這是經常觀察到的現象：資優兒童會比他人更易因為情感環境的雜亂而痛苦，這是因為資優者具有強大的情緒易感性和過度的移情能力。一般而言，大家覺得是真實的東西，對資優者來說更是真實。

### 3. 真正得到理解

資優者希望別人能夠理解他的真實模樣，並希望大家接受他的特殊性。這需要積極的嘗試、認真聆聽、不斷調整。這並不容易，因為我們總是以本能的方式觀察事物、理解事物。希望被他人接受需要努力，而這也意味著不能根據自身來反應。被他人接受，就是允許他真的不大一樣。

### 4. 牽著孩子的手……

我們無法不靠別人獨自長大。為了充分表達我們自己到底是什麼樣的人；為了感覺自己和他人一起生活，是他們的一分子；為了能夠開闢一條歡樂的人生之路，我們一定需要別人，需要一位嚮導，需要遇到一個能夠在我們的道路上陪伴我們，試圖真正理解我們的人，一個能夠讓我們的潛力現實化（不僅是智力），並讓這種潛力變成生產力的人。但不能去催促孩子，不能給他施加「壓力」。假使如此，我們只會得到相反的效果！好一點會導致假我，糟糕的話，會導致嚴重的心理障礙。我們會讓這些孩子充滿壓力，讓他們面臨一定要取得成功的壓力，因為這是大家的期待！我們需要做的，是開闢一條孩子的道路，而不是（作為父母）透過自己孩子的成功獲得自我安慰。

在作為嚮導的路途上，需要小心謹慎。如果我們對孩子說：「我所做的一切都是為了你」，會讓孩子產生一種罪惡感，並讓孩子產生一種必須讓父母滿意的責任，而冒著自己被排斥的風險。但這完全與我們所期待的效果是相反的。

陪伴，就是牽著孩子的手，並指路給他，而不是拉著孩子或者推孩子走，讓他付出一切代價也要走這樣的路。陪伴，是鼓勵、重視、獎勵孩子的每一次努力。尤其是安慰，孩子經常需要安慰，甚至可能一直需要安慰。

神經系統科學證明了這點：當我們牽著某個痛苦的人的手時，他的下視丘（hypothalamus）會釋放一種荷爾蒙使他的負面情緒平靜下來。我們要記住，在身體上感覺與別人連接在一起，是一種能夠調節效率的「藥劑」。

## 5. 交朋友：未來生活平衡的王牌

在兒童和青少年時期與他人建立真正的友誼，能夠很好地預示成年階段將會有良好的心理健康狀態。[1]也就是說，與他人的關係必須得到重視，並且需要透過所有可能的手段促進這種關係。朋友越多，就發展得越好，也會更加沉著！

## 6. 完成學業沒有太多的問題，而盡可能地獲得滿意和成功

資優者對自己的信心，能夠幫助他接受學校的規章制度；也可以使他明白，他可以借助學校為他自己的成功服務；能夠讓他接受他的智力在面對學校要求時，並不總是最有效的。然而，資優者並不否定自己的智力，他不願意「和大家像一個模子裡刻出來的一樣」。資優者以靈活並且「聰明」的方式，在學校環境中調整自己的智力、敏感性和人格。他也明白，如何運用自己超凡的魅力、說服力以及活躍的思維得到老師的賞識。如果老師比較隨和，並且認為這個學生討人喜歡、熱情，那麼會變得更加簡單。除此之外，假設我們的小資優者將自己無聊的時間用來積極參

與課堂，這將會使得他在學校的時光變得更加有活力，並得到老師的喜愛。任務基本完成了。可能這就是所謂的操縱藝術。但這是一種好意的操縱，其目的是讓雙方互相滿意，對自己有益處。

成功的學校經歷則意味著，可以將自己的人生規劃（幾乎）轉換成現實。這是自我認識的保證，也是今後的人生有積極能量的保證。尤其是在青少年階段，資優者充滿好奇，對於不再是使人無法行動的障礙，什麼都想做。相反地，這擴大了可能性的場域，不再強迫資優者侷限在狹窄的道路上。成功的願望和快樂將一直是推動力。

## 7. 為創造力服務的敏感性，為他人服務的移情能力，為活著的感覺服務的情緒

如果年輕的資優者能夠不抑制自己的敏感性、對於他人的易感性，以及自己的情緒經歷，他大腦運作方式的特殊性會讓他成為極其討人喜歡、具有魅力和熱情，並得到賞識的人。當情緒自然地融到大腦運作方式中時，情緒會成為巨大人格力量的源泉，並讓其人格大放異彩。

資優者需要做的，就是在不刁難自己情緒表達的環境中前進，這種環境不擔心情緒氾濫，能將這種情緒反應性當作一種生命的力量，而不是一種無法忍受的缺點。和資優者這種情緒過度的

人一起生活，對於其身邊人而言是非常艱鉅的考驗。能夠接受、接納、安慰、安撫、鼓勵而不立刻評價是未來、信心和生活平衡的重要保證。

總之，永遠不能放棄自我認識。在地平線上永遠要保持的重要方向，也就是信心和自我形象。一旦我們懷疑，一旦我們不再知道如何陪伴小資優者，一旦我們質疑需要給出的最佳答案，就需要調節一些可能恢復、修復、促進、維持自我信心的因素。這是為了能夠不出錯且平靜地將這個孩子帶向人生平衡的唯一保證。當他成人時，才能與自己和諧相處，才能依靠自己穩固的人格來面對自己的人生和各種不測風雲。他將能夠判斷其中的快樂、侷限，並在合適的情緒節奏上面對困難。面對生活的複雜，這是一位「全副武裝」的成年人，而他的「武器」正是他自己……

行為準則等於能夠以最貼近自己的方式成長。在一個幫助資優者、指引資優者根據世界所運行的方式來調節人格裡的每個特點的環境中，他們既不需要冒著否定自己的風險去適應一切，也不需要把自我抑制當成唯一的選擇。

重要的是好好活著，而非苟延殘喘。

**請記住！**

資優者的人格是脆弱的力量。為了能夠使生活幸福愉快、自我得到充分發展，這種人格有些簡單卻無法迴避的需求，像是：需要理解，需要愛，需要關切，需要賞識。這種情感養分影響著正面自我形象以及穩固自我認識的構建。這是未來的保證。為了讓這位小資優者能夠成為幸福的成年人，這是所有陪伴他的人的永恆任務。如果說這對於所有兒童都的確如此，資優者身上的脆弱點尤其多，他們的創傷更頻繁、更痛苦、更難以撫慰。我們是否可以將他們稱為超級嬌氣者？

高智力和超強敏感性使得資優者成了一觸即發的雞尾酒（暗指和香檳一樣，開瓶後會有「澎」的一聲），需要非常小心地對待！

# 盡自己所能讓生活幸福愉快的成年資優者生活經歷

資優者不能說：為了生活愉快，必須決定要生活愉快……但事實大抵如此！

即使資優者的童年非常混亂；即使從童年走出來的資優者感覺脆弱、受到傷害；即使資優者感覺自己是一個人在迎接未來的挑戰。即使對生活愉快不再抱有希望，並讓自己接受這種狀態並愛上這種狀態。即使一切看起來都行不通，資優者仍然要相信，並不是完全沒有希望了，因為大腦會來援救我們。

你們認為（因為心理學家一直這麼重複）一個人無法「擺脫童年的陰影」或者「一切在六歲前都已經決定了」。你們相信這些了！然而，如今我們知道這是錯的！

有兩個主要原因：

**心理韌性**。心理韌性指的是我們身上的一種力量，儘管人生浮沉，這種力量能夠讓我們調動資源，面對生活中的艱難困苦或鍛造出更加堅定的人格。我們都有這些韌性的資源，必須相信這點以調動資源加以利用。對於某些人而言，在面對危險時，這些資源會自動就位。在人生各種艱難的情境中，資優者能夠自動調動這些資源。而對於其他人而言，韌性的啟動相對困難一些，需要特別注意能夠啟動這種韌性的一切因素。在每個需要克服的痛苦事件中，需要找出得到保存的因素以及我們可以依賴的因素。需要將我們的目光從事物本身挪開一點。

如果我們能做到，我們會在大腦中重新啟動正面情緒回路。如果我們能夠增加這些正面的經歷，就可以擁有穩定的韌性機制。在大腦中，通向傷感區和愉快區的回路非常接近。目標在於能夠改變情緒的方向使其改變路徑。

**大腦彈性**。如今，我們已經證明，我們可以在任何年紀學習一切，那麼也可以學習如何幸福。人生的創傷經常在大腦中印下回路，讓我們總是以悲觀的角度看待生活。鑑於大腦是懶惰的，在面對任何情境時，它總是直接借用這些回路。因此，消極性會影響我們看到的幾乎一切事物。甚至在幸福的時刻，大腦也會給我們傳遞害怕的訊號：這持續不了多久……但是我們可以改變這些回路。我們不是大腦的受害者，可以重新掌握控制權！

得益於大腦彈性，在人生的所有階段，一切都皆有可能。

儘管成年資優者的人生經歷比較複雜，也能過上適合自己的生活，但他會憑直覺明白沒有任何東西是不可逆轉的，可以不斷調整自己人生的過程。

# 如果「幸福」不存在？追求微小幸福的藝術

生活在一個有權利追求幸福的社會，我們有責任幸福，幸福成了一種義務。如果我們無法得到幸福，則是沒有理由的，肯定是某個人的錯：配偶的錯，孩子的錯，老闆的錯，身邊人的錯，政府的錯……這個時代要求我們高聲並強烈地爭取這項權利和義務——一定要幸福！

於是，我們就相信或假裝相信預設的幸福：夢想中的房子、令人驚奇的旅行、讓我們變得如此美麗且令人嚮往的產品、能夠滿足一切需求的商店、讓我們變得迷人的品牌……等等。我還可以繼續舉例，但這不是我要說的主要內容。以下才是我希望和大家分享的觀點：我們每一個人都有一種能力，能夠感覺到什麼可以給我們帶來快樂，什麼能夠讓我們與自己、與他人愉快地相處。不要再等待了，不要再繼續尋找所謂的「幸福」。人們總是在追求「幸福」，有時是終其一生都在追尋。人們總是認為自己一定能幸福，當孩子成功；當我們買了夢想中的房子；當我們得到晉升；當我們有足夠多的錢可以做很多事情；當我們被大家認識且得到大家認可；當我們退休且有自己的時間……但我們卻錯過了我們的人生，我們不在節奏中。這是微小幸福可以觸及的節奏，能夠讓我們的人生變得熠熠生輝、多姿多彩、魅力無限、舒適安逸。當然，我並沒有無視真正的痛苦，沒有無視人生中真正的社會、文化、心理和事件的不幸與悲苦。我深深地同情並尊重那些受苦的人。但是我這裡說的是其他人，是能夠擁有普通幸福的普通人，而他們卻抱怨無法獲得特別的幸福。這只是一個圈套。幸福就在那裡，而且這幸福就已經是特別的幸福！

**追求微小幸福**

思考一下：什麼東西（哪怕是微小的）給你們帶來深深的滿足感，或轉瞬即逝的滿足感，什麼都行。看看你們的周圍，你們的生活，你們是否看到這些奇妙的小事物在閃耀，而長期的、具有傳染性的不滿足感卻試圖阻止你們看到它們？你們是否看到這些你們在戰勝自己、戰勝困難之後，所獲得的大大小小的成功？你們在內心深處是否明白，對於自己實現的事物，對於自己擁有的事物，讓你們有多麼驕傲。即使社會不停向我們灌輸我們可以做得更好。但要與什麼比較呢？我們唯一的計量儀是我們自己；唯一需要的，是能夠讓我們與內心的我們一致的東西。而我們是唯一能夠瞭解這個內在自我的人。這個內在的自我屬於我們自己，是最珍貴的財富。沒有比這更珍貴的了，更不用說在外部世界。重新聚

## 幸福就是得到更多滿足感，而不是失落感

當滿足感在失落感持續的重壓下逐漸消失時，我們會立即感受到痛苦。重點是要明白，對於我們每個人而言，什麼是滿足，什麼又是失落，兩者不同卻又很相似：讓我們幸福的，是在「內心深處」感覺自己處於對的位置，感覺自己過著適合自己、與自己相似的生活。在這種情況下，我們沒有在途中迷失方向，我們的路途不是沒有出路，我們的道路並不是特別明亮，我們的路途沒有令我們眼花撩亂也沒有不讓我們滿意，我們沒有在別人開闢且不是自己所選擇的道路上冒險。我們運用自己的資源、力量、侷限性、脆弱和弱點，打造了一條道路。在這條路上，我們愉快地走著，遇到了一些人或事讓我們變得更加富有，實現了能夠讓我們快樂的事。

這並不意味著我們不會遇到阻礙，也不是意味著路途上沒有危險。但我們知道，如何面對這些阻礙和危險，如何面對意料之外的事。有時會有悲傷、痛苦，甚至是生氣或憤怒，而我們內心

卻非常堅定，把我們與這個世界緊緊地綁在一起，使我們不會與我們的道路分開，使我們不會脫離我們的路線，我們的人生之路。

# 生活的平衡、天資聰穎和陪伴：幸福的藝術

## 當我們是資優者時？

二十二歲的維爾日勒，為了讓生活能夠幸福愉快而一直在抗爭，卻讓自己筋疲力盡：「如果我能時不時地幸福，那麼我就能忍受其他的一切。」

「我在一本書上看到說，絕頂聰明的人缺乏得到幸福的能力。事實的確如此，但是我想說的是，一個人無法處處都很優秀。如果我們好好想一想，要是我的一生都註定不幸福，那麼早熟又

有何用呢？」[2]

是時候「聰明地」運用我們所有的戰爭武器了：從最小的智力原子，到最小的敏感粒子，用自己的大腦和心去理解事物，就像狼孩毛哥力（Mowgly）在《森林王子：毛哥力的叢林故事集》（*The Jungle Book*）[3]中唱的：「只需要很少的東西就可以幸福，真的只需要很少的東西，我們要滿足於必需品……」

那麼，生理和心理對環境如此敏感的人們可以運用自己的洞察力敏銳地、有效地調節自己，把「以自己為中心」作為永恆的核心目標。

心理諮詢紀要：

四十六歲的資優者亞倫來進行心理諮詢。我們談到了幸福。我提到一個觀點，為了幸福，重要的是獲得更多的滿足感，而非考驗，需要一種生活的平衡。可他打斷了我，若有所思地說：「您忘記了一個重要的概念，如果我們不付出，我們怎麼能幸福？對我而言，給予是我幸福的組成部分。只有獲得，是遠遠不夠的！給予是更加超驗的。即使得到很重要，但這遠遠不夠。」

## 為了給予而給予

恩佐今年二十歲。他說：「對於我而言，人生中重要的是為他人做點事，而不是為我自己。」他非常悲傷，他難以接受很少有人同意這種利他主義的事實。

對於資優者而言，給予可以有各種形式。他的快樂在於，相信自己可以為別人做好事，他可以幫助別人過得更好。我們可以在人生各個階段，在任何情況下發現資優者的身影：在兒童階段，他把自己的糖果和玩具給那些家庭比較困難的夥伴；在青少年時期，他善於傾聽，把時間用於解決朋友關係問題，或者自發成為那些不敢相互靠近的人的中間人，他願意貢獻自己的全部力量，為了實現人類的偉大夢想，或勾勒雄心勃勃的規劃，希望與不公正鬥爭；為自己的配偶付出，努力理解對方、幫助對方；為自己的孩子付出，對於孩子他願意給予一切……為了給予而給予，給予是資優者愛的方式，是資優者在人世間活著的意義。

## 自然傾向的反面

我們也會遇到一些特別自私的資優者（大人或孩子），他們自我中心，從來不願意放棄自己的東西，也不願意與他人分享自己擁有的東西。他們這種人格讓他們不太討人喜歡。

這種不慷慨的性格導致他們被排斥。然而，雖然他們變得如此自私，這卻不是他們所願，也不是他們的本性。

在兒童時期，他們因為害怕而將自己封閉起來，因為害怕自己無法控制的情感入侵，而不願意分享。或者，他們在生活中，時刻感覺到自己的領地被侵犯。他們需要表達無法表達的事物，需要解釋連他們自己都無法理解的事物，需要以某種方式表達自己的情感。而情緒對他們而言，是折磨人的……如此，他們被評價、不被理解、心理上被虐待，這些當然非他們所願，但卻足以讓他們形成這種封閉、易怒的人格。對他們而言，「給予」成了一種威脅。

## 重新找到自己的根本

如果在人生歷程中，這些「具有天分的失望者」能夠遇見一位足以讓他們安心的人，能夠讓他們瞭解自己的內心，就能夠重新學會如何去給予，並走出內心的監牢。一股新的生命氣息和自由氣息，將會引領他們走向充滿希望的人生。

## 從七歲到七十七歲

關於成年資優者的未來，我們知道些什麼呢？

幾乎是一切，但又好像什麼都不瞭解：在成長過程中清楚地瞭解到自身特點，並得到陪伴的資優者；在兒童時期就被診斷為資優者並被虐待的資優者；因為自己的孩子被診斷為資優者，進而發現自己也是資優者的資優者；自己清楚自己是資優者的資優者；從職業角度、社會角度、情感角度而言獲得成功的資優者；以及感覺自己錯過自己人生的資優者……

一個很著名的例子，白蟻，但這和白蟻這種生物一點關係也沒有。這是美國心理學家推孟（Lewis Terman）最著名的研究的名字，是一項針對幾百名資優者（從兒童到老年）的研究。在推孟的研究中，大部分的兒童是由老師所選出的好學生，從這可看出選擇試驗對象的誤差：這些兒童已經找到了好的適應策略……實際上，當他們成年時，職業地位也相對較高，有著平衡的家庭生活。我們贊同一句諺語：「與其貧窮、患病、愚蠢，還不如富有、聰明、健康……」這種觀點有點過於簡單。

在法國，一項對資優退休者的「生活滿意度」觀察得到了同樣的結果，雖然涉及的抽樣數較少[4]，但比起普通人，他們對生活要滿意得多！

而另外一項法國人做的研究，研究對象的數量更多，確認了擁有成功的老年與較高的認知功能和較高的生活滿意度之間的關聯性。資優者可能會成為幸福的「老年人」，這已經算是取得勝利了。

我說的是「可能成為」，因為我們只能透過整個人生經歷才能看清這些結果。我們也可以認為，一個人越年老就越能夠「把各種可能發生的情況考慮進去」，並使這些情況獲得真正重要的價值。最後，我們會意識到，只有這些重要的價值才是唯一有效的，生活中的各種不如意不值得我們去浪費人生。這難道不是我們所謂的智慧嗎？

1：作者註：帕斯卡．馬萊（P. Mallet），《個體發育以及兒童和青少年之間關係的組織》（*On to genèse et organisation des relations entreenfants et adolescents*），勒內笛卡爾大學，一九九八年。

2：作者註：托尼諾．貝納奎斯塔（Tonino Benacquista），《一切為了自我》（*Tout à l'Ego*），一九九九年，伽利瑪出版社。

3：譯者註：《森林王子：毛哥力的叢林故事集》由英國作家魯德亞德．吉卜林（Rudyard Kipling）所著。狼孩毛哥力是其中一位主人翁。

4：作者註：安尼克．貝蘇（Annick Bessou），《六十五歲及以上的二十八名資優者的生活滿意度》（*Sutisfaction de vie de 28 Surdoués Parvenus à ans et plus*），《醫學快報》（*La Presse médicale*）第三十二冊，第十六期，七二二頁至七六八頁，Masson出版社，二〇〇三年五月十日。

# Chapter 10

# 如何才能一切順利？

這一章的目的在於如何改變及使用資優者痛苦的大腦運作方式，並將其轉化成可以釋放的生命能量。

描述一種人格的運行方式，只有在我們能夠對新的途徑進行思考、能夠回答以下問題時，才有意義：怎麼做才能讓一切順利？知道怎麼做當然很重要，但如果不是為了改善自己的生活，是否還有別的目的呢？有時是為了重新賦予生活以意義，在充分瞭解自我後，知道我們將去往何方。

我將以任意的方式將成年資優者的大腦運作方式分成若干主要層面。你們應該很清楚為什麼是以任意的方式去進行，因為一切都是互相關聯的：智力永遠不能與敏感性相分離。創造力是智力、敏銳性和情感接受性的直接混合產物；移情只有在超級情感性和對他人意識的範圍內才具有意義，智力將超級情感性和對他人的意識轉換成洞察力。

## 重新振作的能力與墮落的能力一樣重要

伊莎貝爾的兒子被診斷為資優者，一段時間之後，她自己也做了心理檢查，也得到同樣的診斷結果。以下是她來信的選摘：「現在我知道『過度脆弱』會導致什麼樣的小毛病。但人的本性是天生的，一旦我們找到解決辦法，思想重新運行，也可以很快重新振作起來。」

我們知道資優者能夠在一瞬間轉笑為哭，從絕對的心醉神迷到深深的悲痛。其思維的樹狀結構能夠沒有預兆地突然改變其心情。如果說，悲觀的想法能夠引發心理折磨，以及讓人無法忍受的生活慌亂。那資優者的思維方式也能釋放出正能量，以及重新振作的能力，也就是心理韌性。

如今，每個人都知道心理韌性就是面對生活複雜性的能力，就是面對複雜的生活能夠自我調整，找到具有建設性的解決辦法的能力。心理韌性是非常關鍵的心理學概念。

資優者是非常極端的人，在他身上擁有真正的「戰爭資源」，可以迎接這個世界的挑戰，啟動他的心理韌性。資優者的資源是巨大的，但經常被其容易放棄的性格，被其各種各樣的憂傷感、失落感和罪惡感所掩埋，讓他自己忘記了自己的戰爭資源。然而，這些戰爭資源雖然被掩埋，即使資優者沒有意識到自己的資源，這些資源仍然永遠屬於他。

為了讓這些戰爭資源大放異彩，必須揭去堆積在上的厚厚外殼，從而避免這些內心資源產生負面影響。有時，當我們遇到這些成年人時，他們絲毫不知道自己身上有這些資源存在。他們覺得，自己有一種奇怪的感覺，而現在他們將這種感覺用正常的面罩偽裝起來。他們需要付出相當大的努力，才能平息內心的折磨。這些內心的折磨經常會給他們帶來困難和痛苦，以致於他們不敢再認為這些資源可以透過另一種方式，照亮自己的人生。

## 資優者的娛樂設施——「雲霄飛車」

你們是否還記得雲霄飛車的感覺。上升的時候，感覺無法自制，激動萬分，令人極度興奮，但你們也知道最高點就快到了，害怕的感覺正在折磨著你們。剎那，是令人頭暈目眩的下降，好像將你們吸入無底的深淵，一切都猛然往下衝，無論從心理角度還是從生理角度。你們產生一種瀕死的感覺，身體的感知是如此強烈，隨之而來的是倒頭栽，你們失去一切事物的感知，失去世界的次序。你們不知道自己身在何處，也不知道能否活著走出這個冒險活動。然後，新的上升又重新開始，你們又重拾信心，一切又變得可能……

資優者的人生有點像這樣：由無限希望、轉瞬即逝的失望、極大的喜悅、痛苦、一連串令人陶醉的感覺，以及矛盾的情緒組成。他們的人生極少是線性的，迅速丟棄一個目標，又迅速找到一個新的目標，強烈的情緒（好的或壞的）總是存在，不管是浮或沉，他們總是害怕。如果我們能安靜地乘坐旋轉木馬，並且只有一個目標——勝過別人，這種感覺讓人安心。就像當人們問到某些人生活中是否有什麼新鮮事發生，他們回答：「一切順利」那樣；當人們問他們工作如何時，他們回答：「蠻好的啊！」

勝過別人，是資優者非常想取得的成功。幻想免費轉一圈人生？或許這才是推動世界前進的力量……

## 旋轉木馬的魔法消失的那日，燈光熄滅的那天

愛麗絲今年五十五歲，因媒體報導了她的生活，使她成了名人，經常被人們認出來。她和丈夫的關係搖擺不定，二十五年來，她和丈夫吵架、打架。在他們的關係中，他們

一起構建了一切，卻也同時摧毀了一切。太多的較量、太多的激情、太多的仇恨、太多的愛情，兩人的關係破裂是註定的，最終分手。

他喜歡偶遇，總是寄希望於能夠「吸引他」的新的曖昧關係。而她也不斷嘗試其他戀曲，但總是無法「成功」。她繼續自己的人生旋渦：旅行、規劃、職業成就、不斷嘗試各種露水姻緣……等等。

和她丈夫一起時，生活有各種問題。但沒有丈夫時，生活根本無法繼續。她經常說，就好像和自己的情緒失去了聯繫。她說，她用自己的大腦感知，而不再用心去感受。例如，當她擁孫女入懷，她很高興，但卻無法在內心深處感到快樂，情緒反應為零。在她看來，一切都是一樣的，好像任何東西都不再重要，都失去了意義，就好像生活一下子變成了黑與白。於是，愛麗絲強迫自己「假裝」，假裝高興，假裝充滿熱情，假裝自己很快樂。即使跟現在的情人在一起時，雖然她很迷戀他，和他在一起時也有快樂的時光，但她坦言道：「有時候，我在強迫我自己。真的，雖然我感覺很好，他也很棒，我們在一起嬉笑打鬧，什麼都談，但其實，我感到厭煩。這是一種無法忍受的感覺，我真的受不了了。」

筋疲力盡的她已經用盡資源，無法繼續她所謂的「喜劇」。在這樣的生活裡，她迷失了方向，她想自殺。但是，當我們重新談到這些時，她反覆說她其實並不想死，只是不想繼續這麼活下去，過這種平淡無奇的日子罷了。因為她無法有所激動。

她強調：「這樣的生活有什麼意義呢？」不，這不是簡單的抑鬱量表，她已經根據這一量表接受治療多月，卻沒有顯著的效果。不，對於愛麗絲這樣的患者，我們不能進行常規的治療。她會觀察你們，捕捉到你們的細小反應。她非常害怕你們無法真正理解她，害怕你們會給出「愚蠢的」評語，使一切變得混亂，害怕你們僅僅是專業人士，而不是能夠幫助她的「超人」……

其實，她超強的敏銳性要求時刻的治療警覺。愛麗絲如此具有洞察力，怎麼改變她的世界觀？她感覺自己生活在反差中，那麼如何幫助她找回生活的平衡？怎麼能夠讓她與自己的情緒重新建立聯繫，而正是因為這些情緒，她才經歷痛苦？對於治療師而言，困難的是不能半途而廢，他很難不突然說一些平庸的話，或試圖讓患者相信不可能的事變得可以實現。

然而，對於愛麗絲而言，要「追回」丈夫是不可能的，因為他是她所構建的一切的核心。對於她或對於整個家庭都是如此。這既不是嫉妒，也不是傲慢或自尊心，可能甚至都不是愛。

而是一種深深的責任感，讓他們的關係不可毀滅，變得永恆，或者是一種無限的依戀感，讓分手變得不可想像，這些在成年資優者身上經常發現。不是她不願意以另一種方式繼續生活，而是她無法這麼做。愛麗絲天生如此。她強調：「就是不可能」。

此外，她那資優者的大腦運作方式讓她絲毫得不到安寧：她時刻都在對環境、對他人、對不同的情境進行分析；她的情緒經歷也絲毫不能平靜。如果不能與自己的情緒一起生活，那就意味著絕對無法生活下去。

關鍵是要讓愛麗絲意識到自己人格的曲折，並讓她發現自己身上隱藏著的所有資源，並幫助她使用這些資源，將這些資源當作生命的力量，而不是一種傷害自己的、自食其果的行為。另外，雖然愛麗絲美麗、富有、聰明，但她一直在抱怨。誰能理解這樣莫名其妙的事？

一名成年資優者說：「在第一堂哲學課上，我們的老師讓我們填寫「普魯斯特問卷」（Proust Questionnaire），並將之奉為神聖。其中有一個問題是：『你最希望得到哪一種天性？』我的回答是：『愚蠢。』老師告訴我，這樣的答案有點太自命不凡。的確如此。這個笨蛋首先應該弄清楚在這之後隱藏著多大的痛苦，而我只能透過風趣的玩笑或挑釁來表達這種痛苦。我想對那些願意傾聽我的人說：當人們說『幸福的傻子』時，絕不是毫無價值的。事實上，只有那些有點笨的人才能幸福。」

## 作為資源的智力

重要的是應該馴服這種高智力，讓別人看見它，並恰如其分地發揮這種智力的價值，但不能因此讓別人不堪重負，也不能低估別人。我把這種智力稱為歡樂善意的智力。實際上，這是關鍵因素。如何馴服這種「高智力」，或更精確地說這種「奇怪的智力」，它以一種特別不同、極其放大的方式、無處不在地讓我們看待人生。

## 作為自我認識載體的智力

智力可以讓我們進行自我批評，並不僅是有消極的方面。如果我們很聰明，能夠意識到自己愚蠢的時刻，可以意識到，自己應對事物的方式並不妥適、不恰當。此時，我們可以友善地自嘲，並做出改正。對自己與自身行為的意識，能夠讓我們意識到自己的身份、所作所為和所說的話，是相當重要的。

當其他人的大腦運作方式無法保持一定的距離時，資優者可以透視自己。這種景深的效果能夠產生無數的資源，需要充分利用。應該運用這種自我批評和自我透視的能力，讓自己進步、成長、展現自己，不能因為這種消極的內省而感到痛苦。要保持清醒的頭腦：你們對自己的懷疑使感知變形，讓你們心中對自己的形象自動蒙上負面的色彩，但這不是你們的真實狀況。

當我們想到自己的時候，也可以選擇正面的方向。斬斷這些遮蓋了大片森林的荊棘吧！在這片森林裡，你們可以無憂無慮地探險。為了你們自己，也為了他人，讓所有的美好展現出來，不要讓負面的觀點掩蓋了所有財富。這些財富一直都在，屬於你們，請好好利用。

這種形式的智力真的可以讓你們充分認識人生，將之把握在手裡。你們自我批評的能力可以讓你們將這種智力當作一種優點，只要它被正確使用並合理疏導，可以繪製出正面的自我形象，並且對自己是什麼樣的人，和自己可以完成的事感到驕傲。

## 智力以及透過自己的思維「神遊」

人們通常認為這是一種缺點，總是會指責兒童，甚至成年人的思緒不集中。我們可以理解，這種大腦運作方式在某些情境中，可能確實會讓人惱火或擾亂到別人，但卻是一種可以充分運用自己思維資源的有效方法。

如果你們處於某一困難時刻，感覺不好，在身體或精神方面感受到痛苦，可以透過思維來脫離這種情境，在思維中徜徉。

記憶產生的豐富想像、各種感官能力的加強、聯想的能力，可以為你們打造足夠強烈的夢想，能夠讓你們暫時脫身並「再獲新生」。這是一種有意識的行為，將自己的思維當作為自己服務的工具來使用。也是一種能夠讓自己不陷入具體、沉悶和無法忍受的事物中的有效方法。身體還在那裡，但思緒早已遠離，我們整個存在（身體和心理）開始旅行，這是真正的快樂。對於所有感官而言，是透過各種感官的真正享受，充滿著能量。

這次旅行是否能夠成功，並從中得到所有的益處，有個前提條件：自己需要控制這次旅行。而且，這應該是一次有組織的旅行！

## 智力以及記憶力：回憶起美好事物

資優者令人驚奇的記憶力，尤其是與個人回憶有關的記憶，可以成為取之不盡的寶庫。這種記憶被稱為「插曲式記憶」，因為它記錄的是我們人生的各個階段。資優者的記憶力可以清晰且精確地存下大量細節。在這些細節中，包括一個或數個圖像資源。我一直堅持這個觀點，並且在心理治療過程中經常使用。在你們的記憶中尋覓，讓那些早已塵封的回憶重新浮現於腦海，當然，我說的是那些愉快的回憶。你們將會看到、找到你們的圖像資源。只要腦海中浮現一個圖像資源，就能立刻讓你們感受到愜意的感覺。當你們在腦海中啟動它時，感覺會非常放鬆、非常好。

原則是在記憶中（包括或尤其是感官記憶中）重新啟動你當時面對的或身處的場景，也就是重新啟動當時的印象——大腦所感知到並儲存下來的聲音、顏色、氣味、氣溫、結構、光線與黑暗以及最微小的細節等。

## 在自己身上找到可以讓你們即使在困難時刻，也能感到平靜的圖像資源

萊奧是一名三十五歲的成年資優者。在心理諮詢的過程中，當我提到「圖像資源」這個原則時，他非常激動地說：「我經常這麼做啊！我小的時候，每年夏天都要去鄉下的房子度假。我經常騎自行車，總會路過一片長滿黃色和白色野花的田野。這片田野讓我魂牽夢縈。對我而言，這是幸福的圖像。因此，當我做惡夢時，在黑暗的房間裡，腦中就會浮現這個圖像，感覺立刻好多了。我尤其喜歡溫柔地吹拂著花花草草的微風，我覺得這可以驅趕走所有傷感的想法。甚至現在，當我壓力很大時，我還會使用這段回憶。我想像這一圖像，彷彿就在我眼前，馬上就有一種平靜的感覺。讓我重新充滿力量，簡直不可思議！」

以上是記憶力「治療」用途的有力證明。很多資優者可能像萊奧一樣已經本能地知道如何使

用圖像資源。記憶力越強大（資優者屬於這種情況），回憶就越具有聯想感覺，越能夠增強圖像資源引起回憶的力量，並帶來更多益處。

## 如何使用圖像資源？

我們可以把圖像資源的使用原則，比作一旦我們需要改變思維時，投射到自己心理螢幕上的幻燈片。此外，人們現在已經知道，在大腦裡，將情緒運載到積極區域或負面區域的回路非常接近，我們可以迅速從一個回路到另一個回路，像是由笑到哭。這些關於情緒神經生理學的新知識，解釋了圖像資源的動員作用，能夠將我們的思想運載到熱情和喜悅的區域，總體情緒狀態也自發性地發生改變。

## 記憶力也可以發展出一些從未有過的能力

### ★不尋常的視覺記憶

我們在進行心理檢查。我要求八歲的湯瑪斯做心算題。他的目光一動不動，好像在看著我的背後（我面對他坐著）。在計算過程中，湯瑪斯想像出他在我背後看到的物體，並將物體固定在短時記憶中。然後，他在腦中操縱這些物體並得出了正確的答案。

## ★過度使用的長時記憶

在最新的科學實驗中，我們發現，年輕的成年人使用長時記憶來迅速解決一些複雜的心算問題。他們沒有啟動一些必要的運算，而是在長時記憶中尋找他們以前計算的結果，並且資料與目前要解決的問題的資料相近。他們在自己的心理螢幕上顯現這些答案。

這是令人驚訝的程式，與經常使用的方式完全不同，卻很好地反應了資優者視覺記憶的能力。而這種能力已經得到神經系統科學的確認了。

## ★這種強大記憶形式的優勢

這種記憶形式有什麼意義呢？這是一種類似攝影的記憶力，能夠原封不動地存儲下完整的場景（真實的或抽象的），並且不會遺漏任何細節。只要有一點提示，完整的圖像立即在記憶中浮現，而且可以重新被使用。即使在那些認為自己的智力能力被抑制的成年人身上，這種記憶力也一直存在。

★要如何使用這種超級記憶力？

為了重新啟動這種超級記憶力，請睜開眼睛，看，然後閉上眼睛，描述出你們的腦子中看到的東西。然後呢？你們認為所有人都是一樣的？測試並且比較一下。你們會發現，你們記錄下了非常多的細節，而這些細節卻未被你們的挑戰者察覺！練習很簡單，也很可以鼓舞人心。可以增加練習的難度，你們會發現自己超強的記憶力，因此滿是喜悅。

而我也相信，你們將懂得如何在生活中有效地運用這種超強的記憶力！

## 與自己的智力遊戲，就像「小小化學家」的遊戲

智力會剖析並且完全理解我們觀察到的，以及思考事物的最小成分。於是，我們可以仔細分析直至最小單位，即使在一段時間之後，我們又有了新的假設。我們可以試圖完成一個難度較大的拼圖遊戲，然後將拼圖遊戲的所有組構部分聚集在一起：如何完成一個新的圖形？當我們有了所有的組構部分後，就可以「開始拼圖」。一個想法、一種思維也是相同的道理：我們將其發揮

到極致，儘量誇張，寫出最大數量的文字，再來加快速度，之後縮短文章。

我們實際上做了一連串的動作。開始的時候，我們放慢思維、節奏。以最大限度地擴展每一個想法、每一個提議。接著，加快節奏、加快處理集中資訊的速度。大腦重新進入活動亢奮狀態，我們希望以最大限度加快大腦運作速度。再來，我們縮短，並重寫故事：保留下最重要的，丟棄次要、多餘、無用的部分，並強調看起來重要的、正面的、有建設性的、能讓人安心的內容。我們與大腦「遊戲」，讓它做各種練習，並運用速度、精確性和分析等所有的能力。

思維遊戲能夠深化想法，並挖掘出最細微的成分；能夠發明新的理論和新的思維系統的強大靈感來源。試著操縱自己的思維，從而在自我中心探險。

和正在接受治療的史蒂凡一起，我們開始了一項雄心勃勃的計畫：弄清楚組成人格核心的最小特徵。

在兩次心理諮詢之間，史蒂凡快速閱讀了當代所有對這一心理哲學主題有思考的大思想家的理論。他每週讀好幾本作品。當然，史蒂凡這麼做，是因為對他而言，這是自己在人生前進過程中需要走的第一步。為了開始自己的人生計畫，他希望首先能夠理解自己和他人。

這對於史蒂凡而言，是不可避免的個人方法。我就這樣陪伴著他進行深入思考，心理諮詢成了催化劑。我們一起創建了一個系統，構成了史蒂凡治療的核心。

他繪製了自己的模式：一小塊「土地」，由小木樁圍繞，以確定其邊線。每個小木樁象徵著自己的一部分。這些小木樁的設置也可以隨著人生而繼續。史蒂凡的系統說明了身分的概念：我們的身分領地總體上保持不變，其中最主要的部分不能縮小，但同時我們的身分領地又會根據個人經歷和個人發展，而不斷擴大並發生改變。

史蒂凡希望就此得出一個理論，更能理解人類，並幫助那些出現問題的人。為什麼不呢？確定的是，這個治療案例精確地表現了，智力可以被用來構建和自我重新構建人生的方式。

## 智力和樹狀結構：不計其數的想法……

是的，關於樹狀結構，我們之前已經談了很多，思維的樹狀結構可能使思緒混亂，尤其當人們必須組織自己的思維時。但是，在其他背景下，學會利用這種樹狀結構的思維可能發想出不計其數的想法。

**想法腳本❶（Script-Mind）：把自己的想法一個一個地記錄下來**

**方法：**

從一個想法出發，不管是哪一個。一個新的想法突然出現，將其記錄下來。我們嚴格地記錄下一切，甚至是看起來沒有意義或無關緊要的內容。使用很多紙張來記錄下樹狀結構中突然出現的想法，一張白紙記錄某個主題。

由於出現的想法是沒有邏輯且沒有順序的，我們必須把這些想法一個個地記錄下來，並分門別類，再集中到每張紙上。什麼時候想停就停下。累積到一定數量的紙張後，對於被記錄下的內容，我們會感到驚訝。

樹狀結構的啟動速度通常非常快，導致很多想法、觀念聯合、各種思維剛被啟動就立刻消失。而將它們記錄下來，能夠讓我們意識到這些內容，並關注那些我們感興趣的內容。這也可以讓我們瞭解我們的「大腦中」到底有什麼。這是用來認識自我的新工具。

這種方法可以疏通想法，也可以讓我們不忘記。資優者害怕忘記，害怕失去自己的想法，但卻經常丟失！在談話過程裡，他們需要迅速發言，否則可能看著自己的想法離自己而去，這讓他們氣憤不已。因為思維速度太快，以致於在幾毫秒內，一個想法就已經變成了另一個。害怕遺忘讓某些人試圖緊緊抓住自己的思維，認真關注腦中發生的一切，造成可能與環境脫離的風險。

十八歲的艾蒂安說：「小時候，我還不能理解所有事，但我卻試圖理解一切。然後，我意識到最恐怖的事情就是遺忘，所以總是需要重建一切。沒有任何東西是永恆的。」現在的艾蒂安時刻關注自己，以便記住自己所有的想法，以及所有對世界的理解。因此，他與社會隔離。

「想法腳本」的方法可以讓人們避免遺忘。透過梳理人的思維，這種方法可以獲得新的內部空間安置新的思維、新的思維喜悅和新的思維經歷。因此，想法腳本是資優者樹狀思維的最佳盟友之一。

## 廣角鏡頭下的智力：多用途優勢！

在個人生活或職業領域中，這種特殊的智力可以在思考某個問題的同時，啟動各種表象，也因此大大地增強了理解和分析能力。每個問題都可以在若干角度下進行分析，而任何角度都不能被忽視，一切都將被研究。

最終，造就了罕見的、透徹的鑑定力、傑出的思考力，清晰、有遠見的洞察力。應該盡可能地使用這種巨大的優勢！

## 在思維中心旅行

這種旅行就像一次漫不經心的隨風散步，沿著自己的思維之路隨意散步。就像我們讀一本字典時，從一個詞彙跳到另一個詞彙，從一個想法到另一個想法，從一個詞源到另一個詞源……聯繫就這樣建立起來。從先驗的角度而言，這些聯繫本來並不應該存在。這是一場在思維中的旅行，不管是時空的障礙，還是邏輯和理性的障礙全都消失不見。不需要自我限制，也不用給自己強加一些束縛。盡情享受散步帶來的快樂。忘記害怕和懷疑，以及自我批評：這樣做沒有意義！可能不是這樣。肯定不是這樣。即使原本的確如此，為什麼不呢！

## 作為才能的過分敏感

情緒是智力思維的重要組成，能夠精確地發現自己的情緒和他人的情緒，是一種才能。資優者尤其有這方面的天分，他們捕捉各種情緒，甚至是最細微的情緒，而且能夠預感到這些情緒，並試著疏通與控制。如此，這些情緒的捕捉者可能變成盟友。當我們感覺到還沒有表達出來的情緒時，當我們猜測出某個情境的情緒因素時，可以使用這些感知來幫助自己或他人度過艱難的時刻。

路易告訴我，恐怖片從來無法讓他真正感到害怕。為什麼？因為他已經分析了害怕的生理學機制。當他看這類電影時，他已經明白，為了預感可預見的害怕，只需要提前加快自己的心跳。如此，透過讓自己的身體處於突然的害怕可能造成的身體狀態中，他在恐怖場景出現之前就已經實現同步（當然，這是因為他已經分析了劇本使用的手法）。他的身體和思想已經準備好面對這些恐怖的場景，並且減弱了強烈的情緒……

能夠透過所有感官敏銳地感知情緒，也可以讓人們更好地理解自己。所有的情緒都與生理表現有關。情緒會發出一些我們能或不能發現和解讀的徵兆。憑藉著這種第六感，資優者能夠在事情發生之前就知道這件事包含的情緒負荷，也可以借助這種第六感進行自我調節（就像路易和恐怖電影的例子），從而更好地應對各種情境，不讓自己變得筋疲力盡。他可以為自己或為身邊的人預感並預防一些危險，也可以避免衝突的發生。比如，當他發現兩個人之間存在著不快，並且爭執即將爆發時，他可以分散他們的注意力，說一些話使當事人平息下來，避免即將發生的衝突。當兒童感覺到父母之間關係緊張時，他們經常會這麼做……

## 為生活快樂服務的所有感官

### 感覺敏銳能夠大大增加可能性

同時啟動所有感官以及它們傑出的區分能力，可以讓資優者傑出地出現在世界面前。感覺敏銳能夠增強所有的感知。在別人只看到平庸的地方，但感覺敏銳能夠創造「美」，透過所有感官獲得的情緒強度照亮世界。感覺敏銳可以被用來捕捉環境並使其更加美麗。運用自己的所有感官來擁抱這個世界。

能夠感知一切可能是極大的快樂，並且是人生不可思議時光的源泉。只要你們願意，好好利用這種能力，讓你們「再獲新生」。這種能力就在你們身上，請充分發揮，讓自己好好感受生活。

### 詩性和審美

對美的感知、對「真」的敏感、對能夠讓人感動的事物的敏感，是審美的真諦。這與品味無關，而與敏感有關。審美能夠讓我們與世界親密接觸。審美是一門與形式感知（取格式塔

〔Gestalttheorie〕的意思）有關的哲學學科。換句話說，就是所有被感知的東西。審美感是能夠透過所有感官，以及微妙的敏感捕捉到事物精華的能力。審美能夠同時抓住隱藏的事物和可見的事物，內部事物和外部事物，並且能以驚人的深度擁抱這個世界。審美是理解人生的另一種敏感且真實的方式。

詩學不僅僅是寫詩的藝術。詩性人格是一種忘記自我而讚頌大自然，或他人之美的能力，創建與環境之間的親密聯繫。詩性就是能夠完全沉浸到環境中，並得出其本質或身分；詩性是透過敏感毛細現象與世界相通。

詩性和審美是緊密相連的。詩性和審美來源於過分敏感，並從中激發出各種可能性。它們經常被掩埋，而一旦得到充分表達，就能讓圍繞著我們的世界變得充滿活力，並讓我們與這個世界和諧地產生共鳴。這是通向生活之美的大門。

## 作為未來目標的創造性

創造性經常與唯一的藝術表達混淆。實際上，創造性包含更加廣泛的領域。創造性是能夠發現新的想法，是能夠借助各種材料（這些材料將生產出真正的美）進行創作的能力，是敢於冒風險遠離已經有標識的道路，是探索未知的領域、未知的世界、未知的人和地點，且毫不害怕並充滿好奇心，確信自己能夠在自己身上發現適應未知情境的方法，並從中得到快樂。

## 創造性和對世界強烈的感知：有利的組合

創造性源自於資優者特有的「不會挑選」的能力，這是科學家所謂的潛在性抑制缺陷。也就是說，資優者的大腦會捕捉一切，包括最無聊的事物，這讓資優者對環境有非常細緻的認識，並增強其感知。資優者的大腦不會一下子排除某些因素，而這是人們因為條件反射通常會做的，也就是說，人們懂得區分重要的和不太重要的事物。資優者的超級感知能力讓大門敞開，自信地、快樂地讓自己被所有這些細小的事物侵占。而這些細小的事物一旦被集合在一起，能夠形成獨樹一格的想法或獨特的作品。不僅僅是藝術上的想法或作品。一個作品可以具有千張面孔。時刻保持「通電狀態」吧，不要害怕，想法會湧現而出，這令人興高采烈，也會成為一條能夠實現自我的極佳道路。但你們要明白，你們不會因為感覺到自己所感覺到的事物而面臨風險：這是一種強烈的、展開的、沒有限制的感知。一切（真的是一切）都將進入你們的大腦，並編織出令人無法想像的聯繫，讓你們的創造力迸發。

永遠不要忘記，感知的大門開得越大，你們的創造力也就越大。好好利用！

## 創造性讓可能性的大門保持敞開

潛在性抑制缺陷讓所有既未經挑選也沒有預先劃分等級的資訊「進入」到思維中，對於創造性而言，是一種優點，各種可能性都可能發生。思維本能地將在大腦中出現的最小事物，與所有感官聯繫在一起，不斷生成新的想法。沒有什麼能夠阻止這個過程。這也是唯一需要挑選的時候：在所有這些想法中，找出可能有意義並給我們重新定向，或將我們引向新計畫的想法，找出那些可能讓我們產生新想法的想法，而這新想法將透過新的途徑重新啟動機器，產生新的組合……

想像以下場景：如果我將我的大腦調成開啟模式，一切事物都能進入腦內，大腦將最小的穀粒磨碎，成了「想法盒」。但我也可以選擇關閉模式，就好像我關閉了一個電腦程式，只打開一個檔案夾，還可以選擇讓自己處於休眠的狀態。

我們沒有束縛，根據自身的意願和現實的限制，決定打開大腦或使其處於休眠的事件和背景。我們可以決定有選擇，決定在自己不知情的情況下，不被世界上的所有資訊不斷侵占。

## 發散思維：當突然想出辦法時！

樹狀結構改變了思維的航道，並創造出無數條支流，將思維引向各自的水流中。河道網就這樣不斷展開。當然，在很多情況下，這種形式的思維遠離了起初的指令，逐漸令資優者暈頭轉向，迫使他們考慮不同的假設，導致了不間斷的聯想，因此可能會帶來嚴重後果。從無法用語言組織寫作的小學生，到面對論文不知所措的大學生；從淹沒在含糊解釋中的演講者到迷失在報告總結中的專業人士。

只有能夠讓各種想法以偶然的方式展開並相遇的發散思維，才是對創造性或獨特的想法有利的。當我們以分析和線性模式思考時，換言之，當我們從一個假設或一個基本資料出發，並透過邏輯步驟思考時，我們能夠得到一個結果，但很少能夠得到一個新的想法！這是與發散思維相對的聚合思維，這種思維過程使智力朝著確定的目標匯合。樹狀結構則會突然通向意料之外的想法交匯點，而在思維的序列結構中，這些想法永遠都不會相遇。

發散思維是你們的創造性寶庫。記住這點。

## 發散思維、創造性和節奏：先驅者的王牌

在分析和理解事物的過程中，處於超前狀態、位於思維常規途徑的上游、預計某情境或某行為的結果，使得資優者可以在別人之前到達終點。如果具有發散思維帶來的創造性，以及資優者特有的無所不能的感覺，就具備了成為某個領域內的先驅者所需要的全部因素，無論這個領域是什麼。

當然，作為一名先驅者需要能量，從而能夠逆流而上，讓別人接受自己對事物的看法。需要超凡魅力、才能、人格和認為自己能夠承受所有批評的信心。如果一切正常，資優者的人格具有

所有這些優點。這是絕不能掩蓋的方面，因為雖然很多人有想法，但很少有人能夠讓別人接受自己的想法，並承擔自己的想法。要記住這一點！

## 直覺，可以與專家系統相比的能力

專家系統（Expert System）相當於對某情境的分析，該分析考慮了大量資料和經歷，幾乎詳盡無遺地對所給問題進行處理。這也是某個確定領域內某個專家的任務，他具備所要求的能力和經驗，能夠發表意見或做出決定。

對於資優者而言，聯想、理解和分析的速度由許多不同原因導致，該速度之快甚至超過了人的意識，帶來了結果的創造性直覺。該直覺是複雜過程的結果。這不是無中生有的神奇的思維方式。我們必須也可以相信它。透過這個過程（直覺）得到的問題的答案，與專家系統的答案一致，還外加了能力和創造性！

危險：證明其合理性。答覆：「這很明顯」或者「我確定就應該這麼做」，但這樣的答覆很難讓人信服。就像數學家龐加萊（Henri Poincaré）所說：「我們透過邏輯而證明，透過直覺來發現。」

換句話說，必須用邏輯來證明你的想法有效，就算用來論證的邏輯不是用來創造的邏輯！一個小把戲通常足以讓人信服，因為不管怎樣，你們自己都不知道你們如何理解與為什麼理解了。或者，你們不知道自己知道。既然如此，那該如何解釋啊？

因此要有創造性，但這次是為了給出說得過去的、可以讓人接受的解釋。這真的行得通，並且足以讓人滿意。

## 作為能力的移情

移情是能夠感覺到別人情緒的能力，雖然這種能力有時候讓人痛苦，但卻通向很大的、美好的可能性。首先是與他人的關係。捕捉到對方的情緒狀態，能夠讓雙方和諧相處。我們可以評估自己所說的話、自己的出現、自己的行為所帶來的影響，並進行自我調節。當我們不具備這種移情能力時，就經常會「失誤」。我們只能理解某個情境的表面，無法明白任何細微的內容。移情是人們願意信賴的人格，是當我們只說了半句話，對方就能夠明白我們的特點，以同一節奏擺動。

「當別人跟我講話時，我總是覺得自己無法真正理解對方所說的話。我必須不斷問我自己：我是否回答了對方的話，或者我是否回答了我所感覺到的？」桑德拉清楚地反應了移情在交流中所產生的影響，包括其陷阱和優勢……

## 具有移情能力者就是討人喜歡的人

多少資優者是被選定的知己？有多少人來向資優者尋求幫助、協助、建議而解決生活中的各種小麻煩？「朋友間的小和解」經常落在資優者的身上。我們可以依靠他。因此，資優者可以依靠這種情緒能力。你們的自然移情能力，使得別人喜歡、賞識你們。

## 移情是一種值得羨慕的適應能力

移情能力是一種有利條件，可以讓自己在很多生活情境中進行自我調節，可以讓自己預測最合適的回答方式。在職場中，你們會本能地明白今天不適合要求漲工資，感受到老闆的怒氣或悲傷；在一次談判中，你們懂得根據對方的情緒，來調整自己的言詞；在商業關係中，你們懂得如何捕捉到顧客的情緒變化，讓你們選擇具有說服力的論據進行應對……在夫妻關係中，移情是回應對方的期待、滿足對方需求的最佳盟友。即使什麼都沒有說。移情造就了這一無聲的默契，是和諧關係的紐帶。

## 移情能力，心理學家的優點？

愛麗絲·米勒（Alice Miller）在她的著作《幸福童年的祕密》（*Das Drama des begabten Kindes*）中談到，天才兒童經常是自己父母的治療師。他們必須解讀並理解父母的需求，從而透過自己的行為滿足他們的需求。透過彌補自己父母的情感缺失，天才兒童成了能夠解讀他人情感的專家，他對此很感興趣，因為這對他而言一直是一種「存在的方式」。於是，當他成人後，他就成了心理師！這是愛麗絲．米勒的觀點。

能夠用這樣的移情能力理解並分析世界的意義，以及人類的大腦運作方式，難道不是一名理想的心理師應該具備的嗎？在我身邊，我認識很多肯定是資優者的心理師，但他們通常都不願意承認自己是資優者，好像身為資優者會讓他們失去職業和個人價值。

在我的臨床實踐中，我經常遇到一些希望從事心理師職業的資優青少年，其中有一些已經開始從事這份工作。我答應他們在他們完成學業後與他們合作。我會信守諾言！他們將成為傑出的心理師……可能我還會請求成為他們的患者！真的！我真的相信他們的能力，相信他們能夠傾聽，相信他們的移情能力，以及有創造性的概括能力，能夠讓我開啟新領域，我從未發掘的領域！

## 情緒的同步：與他人的節奏保持一致

移情能力提供了這樣難得的機會：與他人的節奏保持一致，確切而言，是情緒的節奏。敏銳且敏感地感受到他人的情緒，能夠讓我們在合適的時候，做出反應或互動。移情並不只捕捉負面情緒，它也能捕捉到情緒中的所有愉快的因素。你們能夠在空氣中感受到活潑的輕快？在你們周圍，快樂在飄揚，情緒是快樂的嗎？補充你們的儲備，捕獲這些正面的情緒。在困難時刻，它們會有很大的用處，會補充你們的儲備、你們的資源。你們需要一直不斷地儲備……還記得「蟬和螞蟻」的故事嗎？

大部分人在分享音樂時光或舞蹈時光時，會感受到情緒的節奏。我們感覺是按照同一節奏在搖擺，被周圍的情緒影響，感受到他人的感覺。我們會被影響，變得十分激動。這是神奇的時刻，平衡的移情能夠增加這樣的時刻，而這些時刻能給我們帶來力量，讓我們感覺特別好。

# 將你們生活的夢想轉化成（或幾乎轉化成）夢想中的生活的幾個小提醒

## 在不協調中獲得新的能力

無聊感讓我們前進，讓我們創造，讓我們找到新想法。當我們明白這種無聊感與節奏相關時，當我們明白生活並不無聊時，當我們明白人生是我們構建的人生時，無聊感就成了動力。

你們感到無聊？好極了！

1. **你們的大腦在幻想，在聯想，在創造。**
2. **你們可以借助思維的這種「飄蕩」實現自己的夢想。**

無聊感能夠讓我們充分發揮想像，並決定什麼樣的人生能夠讓我們感到愜意。

## 挑戰感：推動自己的力量

挑戰感就是當我們戰勝某個困難時，所感受到的喜悅感。挑戰感與想要成功的欲望有關；與內心需要為自己感到驕傲有關；與需要為自己真實的樣子感到驕傲的需求有關；與需要在別人的眼神中感覺到自豪的需求有關。這絕不是自負或傲慢，而是迫切需要前進、超越自我的需求。挑戰感是一種強大的動力。

如果資優者的人生經歷能夠讓他有機會感受到這種成功的喜悅（無論成功是大還是小），如果生活提供了實現自我的可能性，如果我們可以對自己有充足的自信，如果我們在充滿善意的環境中長大，那麼就算有什麼樣不可避免的障礙，資優者的挑戰感都能夠促使他做成大事。無論是為他自己，還是為別人。心中充滿這種維護大事業的渴望，資優者不斷前進，好像有不可抗拒的能量在推動著他。

挑戰感能夠讓資優者克服與自己的存在困難有關的困難，賦予資優者特殊的能量，讓他能夠成功完成所做的事。挑戰感就是成功，從而實現終極自我。

## 資優者的能量：超自然力量？

資優者能夠表現出的能量是巨大的，但對他人而言卻令人感到疲憊。所有人都累了，資優者卻還在持續著。別人都認為鬥爭是不可能的，可是他會獨自面對。某個情境好像已經沒有解決的辦法，他卻能找到方法應對。總是這樣。就像小孩子一樣，資優者好像永遠不知疲倦，永遠都不會感到累，似是擁有巨大的能量儲備著。有時候，資優者極其專注於自己的任務，全神貫注，以致於他忘記了一切：時間、周圍的迫切需要、他人、約束，包括基本生理需求，例如吃、喝、睡覺等。一旦資優者沉浸到自己的任務中，任何事情都無法讓他停止。

我們要小心：這種幾乎是超自然的能量，可能會以驚人的方式變成反面。如果成年資優者堅信自己十分愚蠢、無能；如果他堅信自己做的事一無是處；如果他堅信自己永遠無法成功，就是這種能量的反面。他一動也不動、面無表情、無精打采、對事無動於衷，「好像死了一樣」。他感覺如此沉重，任何事都無法讓他動起來。注意，這還是那種能量，它在與資優者對抗。

來顛倒運動方向吧！你們反方向全速重新出發，會發現自己意想不到的能量。這種能量與讓你們動彈不得的能量具有相同的力量。你們是否還記得雲霄飛車的例子：在令人焦慮的、深淵般的下降之後，是加速的、令人興奮的上升！一個後空翻，又出發了！

## 理想主義：正面的痛苦！

追逐理想可能是痛苦的事，令人失望的原因數不勝數。我們可以不害怕這種痛苦，而是好好運用這種痛苦。理想主義是一種力量，提出了一個目標，推動我們前進，並要求我們堅持不懈完成既定的目標，還能夠促進我們去實現自我，超越自我，成功實現遠大的計畫。

## 當我們放棄這場令人疲憊的戰鬥時

為了自己的心理生存，為了疏通自己的情緒，為了適應他人和世界，為了抑制自己的思維……資優者一直處於戰鬥狀態。

戰鬥束縛我們，毒害我們。如果我們一直處於一種驚慌和高壓狀態，大腦會持續釋放一種壓力荷爾蒙：皮質醇（cortisol），使我們的心理和機體變得筋疲力盡。皮質醇過多可能導致各種嚴重疾病或病痛的出現，包括心理和生理的疾病。

因此需要改變這樣的鬥爭：

- 不要再糾結關於事物意義的問題，跨越這令人不安的「屏障」。
- 避免因為順從外界而感覺在背叛自己。
- 不要總是感覺自己在生活「之外」，在他人「之外」。
- 與他人在一起時，要感覺愉快，並且尊重他人與自己的不同，但不要忘卻自己的身分，願意感受到他們的情緒，但不要介入。
- 適應與我們理想中的樣子完全不同的生活，但要做出自己的選擇。

**解讀**

▼我們可以思考自己的人生，並看到其中所有的侷限和不完美之處，但也要發現其中的有利因素、資源、優勢和快樂。

▼要對自己說：我是有意識地、經過深思熟慮後選擇了這樣的生活。我們要從無能為力的受害者，轉變成自己命運的舵手。這會改變一切。

▼願意選擇、重新選擇自己的人生，就是同意完滿地活著，儘管有各種不足。這是一種自由。我們所有人都可以擁有這種自由！

當我們停止與生活鬥爭並勇敢面對生活時，就可以獲得能量構建、建造、創造、前進……

## 希望

當一切變得或重新變得可能；當我們重新相信生活，在自己身上重新發現能夠讓自己充滿熱情的、兒童的一面，最終成為自己命運的主人，心中便充滿希望。這不是一種權力欲或控制欲，而是在發現充滿希望、新的挑戰、新的相遇、新的路途的未知世界時，所感受到的狂喜。

不要忘記，在熱帶疏林高草原上，很少有能夠捕食斑馬的物種。斑馬經常感到害怕，但卻很少被襲擊。相較於其他動物而言，其身上的條紋具有獨特的優勢。這些條紋的結構，賦予了斑馬擁有其他野生動物所不具備的優勢。

你們一樣也有著「條紋」嗎？那麼，加油吧！衝啊！

**概述：讓一切順利的關鍵因素**

1. 重新馴服自己強大的智力，開始新的計畫，調整自己的人生，重新找到學習和理解的快樂。智力是一種自己必須占有的內在優點（Q❷？），它能讓你為自己感到驕傲。
2. 將過分敏感當作一種獨特的、令人歡欣鼓舞的、神奇的生存方式。過分敏感是才能的源泉。
3. 創造性是先驅者、革新者、領導的能力。資優者的創造性在自己樹狀結構的思維中汲取源泉，並且不斷獲得養分。

4. 移情是能夠感知他人情緒的能力，使得自己與他人的交流和關係擁有特殊的景深。移情是一種向世界和他人敞開的罕見的情緒向度。

5. 不協調必須成為特別的時機，能夠讓自己保持有利的距離進行觀察、分析和理解。超越那些明顯的事，超越那些表面狀況。不協調提供了前所未有的視角能夠讓自己適應這個世界，並找到自己合適的位置。

6. 作為資優者，就是要學會每天去發掘自己身上無數的寶貴財富！

1：作者註：我個人引進並命名的智力方法。

2：譯者註：此處的 QI 是法語 qualité intime（內在優點）的縮寫，作者在這裡玩了一個文字遊戲，因為 QI 也是 quotient intellectuel（智商）的縮寫。

# Chapter 11

## 當一切都行不通時

本章內容是我們所談論的內容中，最陰鬱沉重的一面，也就是自我缺陷，可能會將資優者引入脆弱惡性循環，其結果只可能是巨大的痛苦。這種痛苦具有不同的病理形式。為了更好地瞭解可能發生的情況，談及陰鬱沉重的一面是必不可少的過程。如同往常，原則是：發現機制，從而預防問題。

資優者人格的發展有其特殊的人格因素，包括智力和情感兩個方面。如果我們接受將資優定義為分析並掌握世界所有成分的智力，加上能夠捕捉最小情緒信號的極端敏感性，就可以很容易地理解資優者尋求身分認同的過程是脆弱的，也難以找到生活的平衡。面對生活的複雜性，憂慮折磨著資優者，他們是否有能力面對？

## 基礎薄弱的自我形象

從童年到青少年，資優者自我形象的構建都需要面對「差異」。分成兩種情況，形式上不同，但結果相似。

**第一種情景：**資優兒童感覺到自己的差異，但並不明白自己為什麼無法像其他人一樣存在、思考、理解、感覺。他經常努力嘗試，希望自己能夠和他人一樣，適應他人，不斷調節自己。但是這需要付出很大的努力。

資優兒童的適應過程不是自然的、出於本能的、一目了然的。與其說他在生活，不如說他在看著自己生活。有時這種適應過程行得通，他能夠融入他人，與他人一起長大，儘管存在持久的、他自己也不理解的差距，有時候這會遭遇到失敗，孤獨感油然而生。他越努力希望自己能和別人一樣被接受，這種孤獨感就越嚴重。他不再知道自己到底是誰，在以下兩種狀態中搖擺不定：其一，完全負面的自我形象（我沒有任何價值、我不值得被愛、我永遠做不成任何事）；其二，堅信自己錯過了什麼，但到底是錯過了什麼呢？這種心理上的不適，通常是痛苦，擾亂了自我分析並擾亂了「感覺充滿活力」、感覺生活愉快的可能性。

**第二種情景：**年輕的資優者沒有感覺到自己的差異。他覺得自己是個和別人一樣的孩子或青少年。他沒有意識到自己思維和敏感性的特殊性。他認為所有人的大腦運作方式都和自己一樣。因此，他感覺到自己生活中的某些反應、某些行為、某些片段是具有挑釁性的、不公平的、很傷人的。他越想賦予自己認為具有敵對性的經歷以意義或要求解釋，他就越會面臨更多的不理解——自己的和他人的。他會不知所措，不明白發生了什麼以及為什麼會發生，卻無法告訴別人自己心中隱藏的不安，他感覺不知所措，並再次質疑自己：如果所有人都認為我這個人無法讓別人滿意，這就說明我沒什麼價值。在這種情況下，如何構建穩固的自我形象呢？

到了成年階段，圍繞自我形象的異常就無法穩定下來。自我身分的模糊性經常讓年輕的資優者透過「反覆試驗方法」做出選擇。當我們不太清楚自己到底是什麼樣的人，有能力做什麼、擅長什麼的時候；當我們無法真正明白自己到底喜歡什麼，什麼能夠讓我們開心時；當我們非常害怕、深深地害怕因為自己、他人、生活而感到失望時，我們就無法規劃，也無法預計自己的人生。我們不斷摸索、不斷嘗試、不斷犯錯，又重新開始。有時候，我們成功找到了「正確的位置」，即使我們還會質疑它。

資優者無法抑制這種持續的分析，懷疑總是存在。而這會導致長期、持久的不滿意以及不穩定的生活。更換合作者、工作，設計新的計畫方案，改變生活的方向，這些是這位不斷在尋找絕對和真理的資優者人生經歷中常見的狀況。資優者終其一生都在尋找自己的身分。

## 從童年到成年階段，自我形象異常窺伺著資優者的發展與經歷

從構建穩固、穩定的自我形象（這能讓我們安靜地成長）過程中的脆弱，到對自己缺乏信心（這將導致擴散性焦慮），我們最終可能面對自我認識的痛苦攻擊，這真的會導致個人價值感的丟失。抑鬱情感以及真正的抑鬱（比較極端的病理狀態）將導致生活的絕境，資優者有時候會陷入這種生活絕境。

這些不同階段有一些常見的因素。這些因素可能會腐蝕資優者的身分基礎，並導致更加嚴重的異常風險。

**這些常見的因素是什麼？**

**來自外部和內心的攻擊。感覺自己被他人攻擊，並且不斷批評自己。**

**差距，就像一種奇怪感。**

**感官的超級易感性，如同情緒像針一樣不斷在扎刺著我們，或像嚴重的創傷。**

**高智力，使得內心的懷疑、疑問和不確定一直散發出來。**

資優者的大腦運作方式是他自己最大的敵人！

## 為了成長而自我保護，為了生活而自我防禦

尋求身分認同的過程中，資優者會採用一些保護機制，使自己免受氾濫的情緒的傷害，這些情緒來源於兩方面：高智力和強烈敏感性。

在心理學上，這些保護機制被稱作防禦機制。它們的目標是什麼？保持自我的完整性，並減少痛苦。如果這些機制比較靈活，就能夠有效地確保自己的保護功能。它們是我們每個人的盟友，但這些機制通常會變得僵化，因為情緒負荷過重，痛苦的威脅太大。此時，這些機制就可能轉化成陷阱：人格會圍繞這些支柱而被構建。這些機制則從保護者變成了破壞者。

### 資優者的防禦機制

這些是需要知道、瞭解、接受的機制。這些機制借助自己的特徵，標記了資優者心理病理調

整狀況。我們必須將資優者心理病理調整狀況，看作特殊臨床症狀的標記。

讓我們大致看一看資優者防禦機制的情況，包括這些機制的佈置、功能和侷限。

1. **首要目標：**不要再被情緒的紛亂、對於他人的易感性、對世界持續的分析侵占。
2. **期待的結果：**讓自己感覺一切順利。
3. **防禦策略：**保持情緒距離。
4. **方法：**

**控制和操縱**

為要讓自己安心；為了試著讓一直處於運行狀態的思維停止工作，為了防止情緒占支配地位，為了不再受到懷疑和害怕的侵擾，資優者力圖控制一切，操縱一切。資優者大部分的能量都用於該任務（而有時候資優者無法應對該任務），尤其是不要讓情緒氾濫，要提前預測，不能有任何鬆懈。這些控制機制可能有不同形式：無止境的討論、拒絕接受某命令或指令（但並不刪改其意義）、為了避免一切盲目行為而不斷核查、尋求極端的精確性、強迫性行為、時刻質疑一切……等等。這樣的例子不勝枚舉。

## 透過認知進行防禦

三十二歲的瓦倫泰清楚地向我解釋：「我的智力弄亂了我的情緒所釋放出來的一切。」

透過濫用的智力化過程略過存在的最小情緒，冷漠地並且在保持一定距離的狀態下分析最細微的情感表達，這是資優者使用和濫用的穩固且僵化的機制。

## 情感麻木

當這防禦機制到達頂點時，情況是非常驚人的。尼古拉說道：「因為我不斷抑制情緒，現在我已經不知道哪些情緒適合哪種情境了。我也不知道如何用詞彙、手勢、態度來表達這些情緒。這簡直就是在耍弄我，因為對於發生的事我既感到奇怪，也感到陌生。和我女朋友在一起時，情況就更糟糕了。於是，我觀察別人是怎麼做的，並模仿他們的情緒反應。這是我找到的唯一解決辦法。我曾是非常敏感的人，而如今卻什麼都感覺不到。我不知道該怎麼回到過去。」

**幽默**

嘲諷生活中的事物，以有趣的方式觀察各種情境，將傷害人的話用風趣的話說出口，資優者能夠巧妙地運用所有這些幽默的技巧。

幽默的優勢是什麼？可以巧妙地操縱那些情緒（透過正確且被接受的認知形式進行傳播的情緒），可以巧妙地保持一定距離，將情緒威脅轉化成人格優勢。幹得漂亮！

然而，有兩個前提條件：首先，要有分寸地使用幽默。過度使用幽默將使得雙方關係不再真實，原本具有誘人魅力的幽默也會因此變成關係的毒藥。其次，只能在一個方向使用幽默，因為作為幽默專家的資優者無法接受自己成為開玩笑的對象，好像他會突然不理解幽默何在，他的反應也會出人意料地非常強烈。這種強烈的反應，掩蓋了資優者感受到的情緒釋放的強度。要特別小心！

### 5. 風險：

**造成人格分裂**

會使得資優者不再與自己的情緒保持連接狀態，只有理性智力處於活動狀態，這可能導致人格的冷漠，難以感受，難以體會情緒。代價是需要巨大的能量汲取心理資源。這是針對自己的鬥爭，針對內心自我的鬥爭。資優者努力在自己和世界之間建造的堤壩，為了不再受到情緒的影響而打造的保護殼，以及表露出來的冷漠都要求資優者不斷地保持警惕狀態，令他疲憊不堪。如果該機制在強烈情緒的重壓下無法承受其超重的負荷，資優者將面對沮喪和絕望，沒有任何自我保護的可能性。面對痛苦他赤手空拳，而痛苦也會將他淹沒，可能會導致資優者出現更嚴重的心理障礙，並將給他原本就充滿荊棘的人生造成更大的障礙。

## 資優者特有的病理是否存在？

我們不能這麼認為。首先，我們需要重複的是，資優並不是一種病理。資優者的痛苦，雖然也可能具有傳統的心理障礙形式，卻不能以相同的方式對待。它們之間存在差異：差別並不在於障礙的形式，而在於內容。

有一些痛苦以特有的方式在成年資優者身上體現出來。

儘管這些臨床特徵沒有被列入國際心理障礙分類中，它們出現的頻率，以及這些臨床特徵總是以同樣的特點出現，這必須為臨床醫生所知曉。

## 淹沒在無止境疑問中的人生的意義：生活的痛苦

### 生活的痛苦

活著的願望並未改變，這和自殺狀態完全不同，但生活的艱難令人無法承受。一位四十二歲的患者說道：「這太難了。」每天早上，她都要問自己，她如何才能克服這一天。她說：「在剛開始的五分鐘，我想自殺，因為我同時想到了很多事情，這太恐怖了！」並不是因為她沒有勇氣——沒有勇氣是抑鬱狀態經常出現的狀況，醫學上稱之為無情感或意志缺乏——而是因為需要調動很多的能量才能夠做到：

1. **自我保護**
2. **發現事物的意義**

**3. 不覺得一切都沒有用**

**4. 賦予自己的人生以意義**

**5. 成功欺騙他人，這是無法承受的、極其痛苦的考驗**

在一次治療過程中，我們決定玩一次角色遊戲。九歲的納丹扮演心理師。他問我：「你生活的熱情是什麼？」才這麼小就已經在思考這樣的問題！

這說明了關於人生的意義、關於事物的意義以及活著的意義這樣的問題，一直存在於資優者的大腦裡，並時刻折磨著他。有時，當生活變得非常刺激，當資優者被捲入讓他滿意且讓他平靜的旋渦中時，這個問題就會被淡忘，並從他的大腦中離開。但只要生活變得平淡乏味，一旦某種失望或失敗阻礙了生活歷程，這個問題又會捲土重來，無情地擋在資優者和世界中間，變得無法迴避，並且讓人無法承受。

困難之處在於，要如何幫助資優者？實際上，一切理性化的嘗試，一切用來開啟新的思考方式及人生方式的策略，一切用來緩解痛苦的方法都會遭遇到「像這樣的話，要如何過生活？」這個問題，而這個問題將帶來嚴重後果，並且會被資優者反覆思索。

## 社會抑制：退隱避世

「我把自己封閉在車間裡，這不是偶然的事，我是為了保護自己不受世界的傷害。」多明妮可成了掛毯工人。她之所以做出這樣的決定，是因為有一天，她再次感覺到自己被他人攻擊。因此，她原本就有的差距感、陌生感、差異感，最終讓她確信她會一直被排斥，她和別人在一起時不會感到愉快，這需要她付出太多的努力。

社會抑制總是以一種或嚴重或沒那麼嚴重的方式，窺伺著資優者。對於某些資優者，人們認為他們是「未馴化的」、「不善社交的」，但至少還存在於某個社會組織中。而對於其他資優者，退隱避世讓他們徹底與這個世界分隔開來。孤獨的他們與外界只保持著維持生命所必需的聯繫，有時候還保持著工作聯繫，他們可能陷入長期嚴重的抑鬱狀態之中（這種狀態的預後更加嚴重）。他們為自己打造了非常堅固的保護殼。因此，很難接觸他們，也很難幫助他們。他們非常害怕這個世界，以及這個世界的危險！從他們的「隱退之處」走出來，有什麼意義嗎？為了更加痛苦？不必了，謝謝。

## 讓自己迷戀上某事，讓自己不再思考

從毒品到酒精，從電子遊戲到工作，從電視到網路……所有這些都可能導致上癮。

八歲半的拉斐爾說：「我們唯一無法停止的生命力，就是思考。」

當我們無法繼續忍受思考時，當紛亂的思緒讓人無法忍受時，當我們感覺到自己的大腦快要爆炸時，當我們感覺到所有這些想法和這些思維運載著無止境的疑問、難以理解的傷感、能夠完全耗盡思維的遲鈍時，停止讓人無法忍受的大腦活動成了唯一的生死攸關的辦法！

然而，迷戀上某事也具有潛在危險性：可能在一段時間內具有一定的使人平靜的作用，但這樣的行為最終也會讓人苦惱……

我有時會安慰一些因為他們的孩子整天盯著螢幕看而感到焦慮的父母。我解釋道，在一天的學校生活後，能夠躲避到一個自己是英雄的世界中，對他而言是一種放鬆的方式。重新找回一種無所不能的感覺，能夠使人放鬆。從某種程度上而言，是一種防治憂鬱的辦法，青少年會本能地用來平息自己的焦慮。適度使用這種方法，是有效的。但過度使用，就成了一個陷阱。

你們是否知道工作也是如此，也有同樣的風險呢？把生活的絕大多數時間用來工作，是一種抵抗憂慮的方法。那麼風險是什麼？就是當我們停止工作時，焦慮又會突然重新出現了。

## 睡眠障礙

睡眠障礙指的是，在睡覺的時候，很難停止思考，很難減少思考的強度。睡眠的問題是常見現象。我們會發現相反的症狀，即作為思維強有力鎮靜劑的嗜睡：睡得越多，思考得越少。

## 作為適應策略的智力抑制

「成為真正的笨蛋，是治療我這種病的良方。我需要一次徹底的治療：成為笨蛋，這將是針對我的智力的化學療法。我會毫不猶豫地冒這個風險。如果在六個月之後，您發現作為笨蛋的我高興得有點過了頭，請您介入。我的目標不是成為笨蛋和貪婪的人，而是讓其分子在我的機體中流動，為了淨化我那過於痛苦的思想。但是在六個月到來之前，請不要介入。……這也是風險。因為愚蠢帶來的快樂比在智力的枷鎖下生活帶來的快樂多很多。在愚蠢的狀態下，人們會更加幸福，這是肯定的。我不會留下愚蠢，而會留下那些有益處的因素，作為身體的微量元素：幸福、一定的距離感、能夠不再因為我的移情能力而忍受痛苦的能力、生活的輕快、思想的輕盈。無憂無慮！……最後，藉由成為愚蠢的人，我可以透過特別的方式，證明我驚人的智力。您覺得我有點險嗎？」❶

## 為了繼續活下去而自我抑制

抑制是一種強有力的策略，其效果有時候是不可逆轉的。當我們運用巨大的能力來抑制，甚至摧毀自我時，結果可能超過原始目標。原本可能希望減緩痛苦，但是結果卻是自我的損耗，造成真正的內心空虛。造成一些熄滅的人格，迷失在沒有意義的人生中，經常也會出現與社會隔離的現象。「變得愚蠢」的目標使得這些人面對自己時，也變得無動於衷，在他人眼中成了透明人。

## 無明顯原因的多變心情

二十五歲的蘿拉說：「我感覺自己的心情會突然變化：我突然一下子會變得特別開心，過了不久，又非常悲傷。」

因為樹狀結構聯繫的啟動速度很快，資優者的一連串思想以非常迅速的節奏，將正面的、負面的、使人抑鬱的、讓人高興的表象、思維、情緒和回憶全部啟動。這種性情的善變可能會與抑鬱或躁鬱症（又稱雙極性感情疾患）的傳統臨床症狀相混淆，但這只是一種不停地運載全部情緒的認知運行方式。

對於資優者而言，這種經歷有時候會很痛苦，因為他也不知道自己心情迅速變化的原因。他既不知道自己為什麼悲傷，也不知道自己為什麼高興。從某種程度上來說，他也是受害者，對支配自己、讓自己不知所措的大腦運作方式，感到無能為力。他無法真正瞭解自己，這也可能成會為焦慮和不安的真正源泉，並導致無法對他進行傳統的理解和治療。

## 危險：診斷錯誤

資優者痛苦的表達，有時候從形式上看，與一些傳統的病理比較接近，可能會導致一些診斷錯誤。不太瞭解資優者這種特殊人格的專業人士，可能會對患者採用不適宜的治療方法，並且還可能永遠無法真正解決問題。

### 最常見的診斷偏差

- 發散思維、迅速的聯想能力、不受樹狀結構速度控制的邏輯關係……可能被診斷為精神分裂症。情緒的冷漠和情緒距離可能加強這一診斷假設的可能性。
- 心情的多變，與極度悲觀時刻形成對比的幸福時刻，情緒激昂……等的症狀可能讓人想起雙極性情感疾患（bipolar disorder，又稱躁鬱症，早期被稱為躁狂抑鬱精神病）。
- 敏感性、強烈的情緒易感性、衰退的時刻、變幻不定的社會適應性，如此多的症狀可能得

**出邊緣性人格疾患或情緒不穩定人格障礙的診斷。**

抑鬱、焦慮症、恐懼症……這些病症的區別很明顯，但不包括其特殊組織形式。小心……資優者（非他所願）成了這些診斷錯誤的受害者，他非常希望為自己的痛苦找到解決辦法，於是開始了漫長的求醫問診歷程，看完一個心理師再諮詢另一個心理師，從一種診斷到另一種診斷……

起初他還會相信，但他漸漸跟不上速度。然後，新的陷阱很快關閉：現在他不再相信任何人，更不用提那些假裝理解他、假裝能夠治療他的人。一次次的診斷錯誤讓他得不到自己尋求的幫助，只能大聲叫喊，卻不知道如何尋求幫助。他對於他自己而言也是一個謎……

## 治療的陷阱

「您肯定覺得這很愚蠢，但是當我向一位心理師諮商時，我很快就確定他無法理解我，他抓不住我的問題、我的困難的本質。而我卻知道，比他知道得清楚多了。有時，我甚至感覺必須由我為他指出正確的道路，由我來幫他來幫助我。但歸根究柢，我覺得任何人都無法幫助我。只有我自己才能做點什麼。」這是一位三十八歲患者的肺腑之言，她說這些時有點害羞，有點謙卑。她的兩個孩子也是資優者，她被他們弄得筋疲力竭。

在對資優者進行治療的過程中，經常會遇到以下這種矛盾情況：資優者非常需要找到一個能理解自己的人，找到一個能夠讓自己感覺自己被這個人控制的人。資優者需要控制，需要操縱，不給他人留有餘地。

## 小心時下流行的「放手」觀念

這個觀念與資優者的大腦運作方式不適合，是一種常見的危險，目前卻有很多心理學流派鼓吹這一觀念。這種觀念大致指的是：讓內心的壓力讓步，從而與自己重新建立聯繫，讓自己內心充滿平靜，這是治癒的關鍵因素。但是，對於資優者而言，恰恰是在這些「放手」的時刻，思維得以展現，因為它們有了空間。如果資優者讓自己的思維停下來一會兒，焦慮就會油然而生。

為了平息其思維，最好的辦法是建議資優者遠離他的日常事務，完全投入到別的事中，讓這些事完全吸引他。他越遠離自己的日常生活和慣常的生活方式，就越好。重要的是，能夠完全專心於這些消遣活動。對思維而言，這是一種「淨化」的過程！

**重述要點**

▼資優是人格的組成部分，不是一種病理。

▼資優賦予痛苦以特殊的方式表達，需要充分認識並認真思考，從而能夠透過合適的治療有效地幫助並陪伴資優者。

▼忽視資優者人格的心理動態結構的特點，就得冒錯誤診斷的風險，這將讓資優者陷入無法擺脫的痛苦中，並出現生活的偏差。

▼對資優者進行的治療包含一些必須瞭解並知道如何使用的治療手段。尤其是，我們可以依賴完好無損的、但卻受抑制的自我認知。思考是痛苦的來源，但是我們可以幫助資優者重新馴服自己的思維，讓這種思維成為重新認識自我的盟友。就好像在修復一座古老的建築物——一切都出現了裂縫，屋頂也坍塌了，但地基還在。我們可以依靠地基，加強穩固地基，重建一個能夠起保護作用且安穩牢固的基礎。建築物的大門敞開，讓他人進來，讓生活進來，不害怕被攻擊。這不再是一座為了抵抗想像中敵人的

攻擊而建造的房子，而是一座為了能夠和他人愉快相處的房子。這完全不是一回事。

已經得到為數不少的最新研究，
證明了高智力的優勢。為了鼓舞士氣！

· 劍橋大學宣佈：聰明的人患精神疾病的可能性較小。
· 較高的智商可以降低某些心理問題的嚴重程度，比如抑鬱症（Depression）和思覺失調症（Schizophrenia）。
· 研究人員證明，擁有較高智商的人適應能力更強，病症會較輕。

智力也是抵抗病理的保護性因素！

1：作者註：《我是如何變笨的》（*Comment je suis devenu stupide*），馬丁·佩吉（Martin Page）著，二〇〇〇年，Le Dilettante 出版社。

# 結語

在寫這本書的過程中，我經常停下來，在大腦中或在電腦上，自問：是否所有這些都純粹是一些空想？資優者會不會根本不是我所描述的樣子？那些無知的中傷者會不會是對的？是否真的不需要關注得到大自然眷顧的資優者？

我向你們保證，我不止一次受到這些狡詐的質疑的糾纏！過了一段時間之後，我遇到一個兒童、一個青少年、一個家庭、一個成年人，在他們的故事中，在他們的絕望中、漂泊中，在他們的言談中和態度中，我堅定的信心突然帶著前所未有的力量回來了。我怎麼能夠認為這些人格不可思議的特殊性不屬於被證實的臨床事實呢？於是，在全面掌握這一事實以及得到科學描述、證明、確認了所有內容的前提下，我又充滿熱情地重新開始寫作，傳遞這些理念的願望更加強烈。我確定，你們是存在的，我已經遇到你們了！

希望這本書能夠幫助你們認識到自己的優勢，這麼高的智力以及如此特殊的敏感性，讓你們的人格成了這樣一種脆弱的力量。請你們清楚地認識到，自己身上的每一個部分，要清楚地明白是什麼讓你們成為一個具有各種才能的特殊的人（儘管也有很多不足）。

好好利用自己的特殊性，並且大放異彩，世界需要你們。你們的成功也是所有人的成功。

你們要記得這樣一個簡單的道理：一個人可能曾經是一個普通的孩子，但卻可以成為一名傑出的成年人。只要我們還活著，那麼一切都還有轉機。在我們人生的每個階段，都可以選擇一條全新的道路。一切都有可能。改變自己的道路，改變對自己的看法，改變對他人的看法，都是一次絕妙的歷險活動。當然，這會讓人害怕，但前方有太多嶄新的快樂！

尤其，要保持孩子的心靈，天真的性格，保持你們迸發的創造性、令人震驚的敏感性、永遠處於待命狀態的好奇心，以及你們沸騰的智力。保存好所有這些讓你們成為與眾不同的成年人的財富，一個永遠不會成為「大人」的成年人！

# 太聰明所以不幸福？

## Trop Intelligent Pour Être Heureux ?

作者　讓娜・西奧 - 法金（Jeanne Siaud-Facchin）
譯者　梅濤
執行編輯　鄭智妮
行銷企劃　李雙如
版面設計　賴姵伶
內頁排版　張凱揚
封面設計　朱疋

發行人　王榮文
出版發行　遠流出版事業股份有限公司
地址　臺北市南昌路 2 段 81 號 6 樓
客服電話　02-2392-6899
傳真　02-2392-6658
郵撥　0189456-1
著作權顧問　蕭雄淋律師

2017 年 4 月 1 日　初版一刷
定價　新台幣 350 元　（如有缺頁或破損，請寄回更換）

ISBN 978-957-32-7962-4
遠流博識網　http://www.ylib.com/
E-mail　ylib@ylib.com

中文譯稿由生活書店出版有限公司授權



---

國家圖書館出版品預行編目 (CIP) 資料

太聰明所以不幸福？/ 讓娜 . 西奧 - 法金 (Jeanne Siaud-Facchin) 著 ; 梅濤譯 . -- 初版 . -- 臺北市 : 遠流 , 2017.04
　面；　公分
譯自 : Trop Intelligent Pour Être Heureux ?
ISBN 978-957-32-7962-4( 平裝 )

1. 資優 2. 幸福 3. 生活指導

175.2　　106002182